Practical Japanese

IT時代の
実務日本語
スタイルブック

書きやすく、読みやすい
電子文書の作文技法

Yamamoto Yuji
山本ゆうじ

00 はじめに
本書の特色

　本書は、「**軽くて、丈夫で、コンパクトで、精密な**」日本語の書き方である、**実務日本語**をご紹介します。言い換えれば、書きやすく読みやすい、簡潔で実用的な日本語です。企業や組織、学校で、以下のような実務的な文書を作成する方にお勧めです。

- 説明文、報告書、論文など、まとまった長さの文書を作成する方
- 専門的な、込み入った事柄を、不特定多数の人に正確に説明する必要がある方
- 文章が「あいまい」、「分かりにくい」、「読みにくい」と言われた方
- 多数の書き手が関わる、チームでの共同作業で文書を作成する方
- 同じ文書内容をさまざまな形で再利用する方
- 他人の書いた文章をまとめたりチェックしたりする方

　本書は、社会人や学生の方に、気楽に読んでいただくことを目指しています。学生の方には、社会人の文章技能の基礎になる、小論文やレポートでの文章作成に役立てていただけます。また、翻訳者やテクニカル ライティングの専門家の方にも参考にしていただけます。

　本書では、「どうすれば分かりやすい実務文章が書けるか」という最善慣行（ベスト プラクティス）を示します。特に、実務文章での日本語のスタイルガイド、つまり的確な作文と表記の方法である「実務日本語」を提案します。これは、「悪文は労力と費用を増加させる」という合理的な理由付けに基づいています。適切な日本語を使えば、ビジネスの労力を減らし、費用を下げられます。表記法は、文章を書くうえでの「迷いをなくす」ためのものです。簡単で実用的ないくつかのルールを頭に入れるだけで、分かりやすい日本語にできます。例文には、文章の問題点が一目で分かるようにポイントを絞った、簡潔で読みやすい文を厳選しています。

　本書には、以下の3つの大きな特色があります。

- 実務翻訳者が書いた日本語作文の本
- 電子文書でのより良い書き方を示す
- 権威ではなく、合理的な裏付け

　第一に、私は、実務翻訳者です。本書の対象は、翻訳に限りませんが、実務翻訳者は、非常に幅広い分野、さまざまな種類の文書を扱う「実務文章のプロ」であり、「日本語のプロ」であることが求められます。読みやすく、誤字・脱字のない「売り物になるレベルの」高品質の文章を、短時間で作成するための、さまざまな実用的なノウハウを紹介しています。また、翻訳者は、英語やその他の言語の視点から、客観的に日本語を捉えることができます。私は、各種の翻訳ツールの技法について、企業向けに講習やコンサルティングを行うほか、複数の翻訳学校でも講習をしています。翻訳者・通訳者向けの翻訳技能記事、英語学習者向けの英語学習法など、これまでに220件以上の連載や特集記事を執筆しています。本書は、このような蓄積の中から生まれました。

　第二に、本書では、電子文書の利点を活かす表記法と、より良い書き方を示します。さまざまな電子文書の形式に精通した実務翻訳者の技法は、日本語作文に活かせます。たとえば、Microsoft Wordなどのワープロには、すばやく快適に文書作成するための多くの活用法があります。Word入門書にはない、より根本的な原則から、実践的で具体的な手順までご紹介します。

　第三に、文書の書き方について、権威ではなく、合理的な裏付けに基づいています。「昔からそうなっているから」というだけでなく、可能な限り「なぜこう書いたほうがいいのか」ということを合理的に説明しています。ふだんは気づきにくいことですが、日本語は百年前と比べて大きな変貌を遂げています。電子文書が、ウェブサイトや電子書籍として急速に広まる中、世界に通用する日本語を考え直す必要があるのではないでしょうか。

目　次

00 ｜ はじめに──本書の特色　3

01 ｜ 名文ではなく良文を目指す　13

02 ｜ 実務悪文の3つの問題点──難しい・あいまい・長い　20
悪文は時間・労力・費用を無駄にする　20
・命に関わる悪文がある　20
・悪文の「難しい・あいまい・長い」という問題　21
・文章が難しくなる5つの理由　22
・「難しい文章が良い文章だ」という思い込み　23
・分かりやすく書くことこそ難しい　25
・なぜ危険なあいまい文章になるのか　25
・情報過多の時代では長いだけで悪文　28
分野ごとの悪文の具体例　29
・IT分野や家電の記事・ヘルプ・説明書　29
・官公庁のウェブサイト　30
・医学分野の悪文　32
・法律分野の悪文　33
良い実務文章とは　34

03 ｜ 読み手と書き手──簡潔・明快に書くために　38
読み手がだれかをはっきりさせる　38
実務文章と創作文章は違う　41

04 ｜ 英語圏での表記の取り組み　45
なぜ、ここで英語の表記の話をするのか　45
VOA の Special English　47
STE（Simplified Technical English）　49

Plain English　49

05｜スタイル ガイドとは　52
なぜ実務文章にルールが必要なのか　52
スタイル ガイドとは──表記の統一の大切さ　53
スタイル ガイドを標準化する利点　55
スタイル ガイドと用語集の関係　56
英語のスタイル ガイドの例──シカゴ マニュアル　57
出版社や新聞社の表記規則　60
テクニカル ライティングの表記規則　62

06｜IT 時代の表記法──電子文書の利点を活かす　64
電子文書とは　64
・紙媒体の問題点　64
・電子文書の利点──共有、再利用、検索……　66
・リアルタイム同時編集　67
電子文書時代のスタイル ガイド　70
・一貫性を持たせ、シンプルにする　70
・根拠を示し、合理性に基づく　72
・利便性をバランスよく考える　73
・自然である　73
ユニバーサル デザインの日本語　74
・だれにでも使いやすい日本語を目指して　74
・検索しても見つからないのはなぜ？
　──きちんと検索できるようにするには　74
・世界に開かれた日本語　76
・機種依存文字を「安全な文字」に置き換える　77
・横書きと縦書き　79
【内離ルール】内容とレイアウトを分離する　80

- 空白文字でレイアウトを調整しない　80
- 文の途中で改行しない・改行は段落の最後に入れる　82
- それでも文の途中で改行したいときはソフトリターンを使う　84
- 半角および全角文字間には半角スペースを入れない　85
- 数字は半角にする　87

07 | 文の組み立て　89

文を簡潔に、論理的に書く　89
- 文は文書の基礎になる　89
- 文体の種類──敬体と常体　90
- 【百半ルール】1文が100字を超えたら2文に分ける　90
- 【文の重先ルール】重要な語を最初に持ってくる　94
- 語をつなぐ接続詞　95
- 意味のまとまりを壊さないように修飾関係を整理する　98

主語と動作主体　100
- 主語や目的語を省略するとき・しないとき　100
- 動作主体を一貫させる　102
- 能動態で動作主体をはっきりさせる　105
- 「は」や「が」をチェックする　106

言い換えのテクニック　108
- 名詞を動詞にすると分かりやすくなる　108
- 明快な表現で言い換える　111
- 具体的な表現に言い換える　112
- 簡潔な表現、柔らかい表現で言い換える　112
- 指示語の内容を明確にする　115
- コーパスで用法を確認する　115
- 押してだめなら引いてみる　117

文のレベルでの読みやすさのチェックリスト　119

08 | 記号の意味と使い方──約物ってなに？　120
記号には役目がある　120
なぜ記号を統一する必要があるのか　121
読点（テン）の打ち方は難しくない　123
・ひらがなが連続して読みにくいときに打つ　124
・「は」や「が」の後に打つ　124
・名詞を並べるときに打つ　125
・修飾関係をはっきりさせるときに打つ　125
さまざまな記号の機能　127
・カッコを使い分ける　127
・コロンとセミコロン　129
・ダッシュ　130
・三点リーダー　131
・スラッシュ　131

09 | ひらがなと漢字のバランスをとる　132
文字種のバランスをとって読みやすくする　132
漢字表記をひらがなにする場合　133
送りがなは本則で統一する　134

10 | カタカナの扱い方　136
むやみにカタカナ語を増やさない　136
名詞以外ではカタカナ語は避ける　141
【分書ルール】カタカナ複合語は分かち書きをする　142
・カタカナ複合語の問題　142
・区切りなしの問題点　143
・中黒の問題点　146
・結局、どの表記方法が良いのか　148

人名の表記　150
音引きは省略しない　150

11｜文書の構築法　152
実務文書の組み立て方　152
- 実務文書は書くのではなく「構築する」　152
- 論理的に文書を構築するには　153
- 起承転結ではなく段落で考える　155
- 【段落の重先ルール】段落はキー センテンスから始める　156
- 見出しの書き方　158

文をつなぐ接続詞　160
- 文をつなぐ接続詞は機能を考えて使う　160
- 順接と逆接　160
- 添加の接続詞　162

12｜Wordの正しい使い方　164
「文章のプロ」でも知らないワープロの基本　164
- ワープロは考えるためのツール　164
- ワープロ ソフトの基本は20年前と同じ　165
- ワープロとテキスト エディターは一長一短　166

スタイルと書式のテクニック　167
- アウトライン機能と見出しで文書を構造化する　167
- スタイルで書式を効果的に使う(太字、斜体、フォント、色)　171
- 蛍光ペンで目立たせる　173
- 空白文字ではなくインデントとタブで文字配置する　173
- 字下げにはインデントを使う　174
- 行間、余白、1行の字数　176
- 箇条書きの効果的な使い方　177

校正、置換、入力のテクニック　178

- 文章校正機能では5分で誤字をチェックできる　178
- ワイルドカードと正規表現　180
- 編集記号の表示を切り替える　182
- 字数計算で字数を把握する　183
- 表記の揺れを統一する　185
- Wordにコピーして作業する　185
- 変更履歴で変更を記録する　185
- 文書をいじらずにコメントしてもらう　187
- Wordで校正しつくす　188
- 長い文書を楽に編集するには　189
- 日本語入力システム（IME）を使い分ける　190

説明に役立つ、文章以外の要素　192
- 表やグラフを使って説明する　192
- 図や写真を活用する　193

13 ｜ メモ取りソフトの活用　196

OneNoteとEvernote　196
情報整理のツールとして　197
発想するためのツール　198
メモの取り方　200

14 ｜ 文章と表現を鍛える字数制限ダイエット　202

長い実務文書は読まれない——要点をうまくまとめる　202
【字限ルール】限られた文字数で、最良の文を書く　203
推敲で文章のダイエット——余計な言葉を削ると文章が引き締まる　204

ポイントをつかんで要約する　205
陳腐な表現を避ける　205
類義語辞典——別の語に言い換えてみる　206

文章の削り方──書かなくていいことと書かないといけないこと　207
・内容に優先順位を付け、最重要の点をしっかりとらえる　208
・重複を削る　208
・重要度を比較し、取捨選択をする　209
・文脈で分かることは省略する　210
・簡潔な表現に言い換える　210
・総合練習：削って分かりやすくする　211
自分の書いた文を読み返す　213
読みやすさを互いにチェックし添削する　214

15 実務文章に応用できる創作文章の5つのテクニック　216

創作文章の方法を実務文章に活かす　216
「物語」を語る　217
気の利いた比喩を使う　217
異化でインパクトを出す　218
字数制限内で創作してみる　219

16 用語集で専門用語を管理する　221

用語集の作り方　221
・企業や組織には用語集が必要　221
・用語集は「言語資産」として集中的に管理する　223
・専門用語が多くても読みやすい文書は書ける　224
・用語集によくある問題　226
・用語集形式 UTX　227
・用語集で定義をする　228
・一語一義　229
・用語を統一する　229
・使い分けを明確にして混同を避ける　231

- 分野を明確にし、関係ない語は除外する　232
用語ツールでチェックする　232
- さまざまな用語ツール　232
- チェック リスト(置換リスト)とチェック ツール　234
- 難しい言葉を言い換える　237
- 企業として禁止する語をチェックする　238
- 誤字・脱字をチェックする　239
- 用語集、文書などの言語資産を共有しよう　240
- 実務文章の客観評価　241

17 │ おわりに　243

18 │ 実務日本語・12の基本表記規則　244

19 │ 用語集　245
実務日本語の基本ルール　245
その他の用語　246
参考書籍　247

01 名文ではなく良文を目指す

　こんなにはっきり書いたのに、どうして相手に伝わらないんだろう——そう思われたことはありませんか？　逆に、パソコンのソフトや家電などの説明書を何度読み返しても理解できなかったことはありませんか？　納税についての疑問点があるとき、説明を読んでも難しいと感じたことはありませんか？
　ビジネスや生活の中では、さまざまな実務文章が使われています。そのような実務文章は、紙だけでなく電子文書として、さまざまな形式で再利用されたり翻訳されたりしています。電子文書では、紙の文書よりも、速いペースで配布され、より多くの読者に文章が読まれます。企業や個人は、ウェブサイト、ブログ、ソーシャル ネットワーク、Twitterなどを利用し、文章で表現する機会が増えています。また、企業によっては、CMS（コンテンツ管理システム）、翻訳メモリーなど、電子文書を共有・再利用するIT基盤を導入しているところもあります。急速に増える電子文書では、日本語の品質が問題になります。
　本書を手にされているのは、「日本語のネイティブ スピーカー」の方が多いでしょう。日本語を母国語としている人どうしでも、ビジネスの現場では、あいまいな日本語や、不必要に難しい日本語が日常的に使われており、誤解から大きな損失が生じています。企業で難しい日本語を使うと、社内での意思疎通が妨げられ、社外的にはビジネスでの競争力が下がります。専門家が一般消費者に説明する際にうまく説明できないことは多いですし、専門家どうしであっても誤解することもあります。日本語は、分かりにくい、もどかしい、意味不明な言葉なのでしょうか。
　海外向け文書を日本語で書いて翻訳するときでも、**元が分かりにくい日本語では、日本の立場をうまく説明できません**。「日本をしっかり理解してもらう」ということが、これまでどれだけ軽視されてきたかは、国際社会でも、経済力以外での日本の発言力の弱さ、存在感のなさが示しています。"kawaii"が国際語として通用するといったことを喜ぶのはさておき、日本語自体の国際化はどうでしょうか。日本国外の日本語のネイティブ スピーカーは、全世界でわずか130万人程度しかいません。

ウェブ上では、ウェブサイト、ブログ、ソーシャル ネットワーク、Twitter などを使えば、世界に対して情報発信できます。企業の外国語ページ、災害支援の呼びかけ、日本文化の紹介など、世界への情報発信はさまざまに行われています。このとき、自分で外国語が書ければけっこうですが、そうでなければ、日本語で書いて、だれかに外国語に翻訳してもらうことになります。自動翻訳を使うこともあるでしょう。しかし、元がよく分からない日本語では、翻訳ソフトもうまく訳せません。もちろん、人間の翻訳者でも翻訳に苦労します。また、私は、外資系企業の日本支社の発言権が極端に弱いという事例をいくつか見てきました。日本固有の事情が、海外の本社に十分理解されていないことはよくあるようです。このような場合、日本支社の立場を、日本語でもきちんと説明できないとしたら、英語で立場を説明し、適切な行動の必要性を主張できるでしょうか。国際会議の発表で、通訳に日本語を英語にしてもらうときでも、自分で論点を明確にする努力をせず通訳任せにすると、聴衆に理解してもらえません。逆に、外国語から日本語に翻訳するときでも、もちろん日本語は重要です。ブランド イメージを大事にしているはずの大企業でも、実に奇妙な日本語のウェブサイトや説明書を放置していることもあります。美辞麗句ではなく、説得力がある、分かりやすい日本語を駆使する「日本語の使い手」がもっと必要ではないでしょうか。

　本書では、一度読めば理解できる実務文章の表記基準として「**実務日本語**」を提案します。実務文章では、「**名文ではなく良文を書く**」ことを目指しています。表記は、良文を書くためには欠かせず、文章の理解度に大きく影響する重要な問題です。そうはいっても、表記は、文章に関わる多くの問題の一つにすぎません。表記がばらばらであるために、表記統一ばかりに時間をとられて、文章の本質的な内容がおろそかになることが実際にはよくあります。そうならないようにするためにこそ、しっかりした表記基準が必要です。

　作文の本では、表記基準や書き方について、どれも同じようなことを書いているな、と思われるかもしれません。しかし、繰り返し言われていながら、実

行されていないことも多いものです。本書では、文章の問題点を確実にチェックするためのさまざまな方法やツールを紹介しています。

「はじめに」でも触れましたが、本書の以下の3つの大きな特色について、少し詳しく説明します。

- **実務翻訳者が書いている**
- **電子文書でのより良い書き方を示す**
- **権威ではなく、合理的な裏付け**

本書の最初の特色は、**実務翻訳者が書いている**、ということです。ただ、本書は、翻訳分野だけでなく、広い範囲の読者を対象としています。

翻訳は、妙な日本語、分かりにくい日本語など、日本語の問題が発生しやすい分野です。たとえば、英日翻訳では、翻訳者は英語を読みますが、訳文を書くときに使うのは、もちろん日本語です。実務翻訳者は、1語何円で言葉を商品として売っています。つまり、「自然な日本語、良い日本語とはなにか」を毎日、毎時間、常に考えながら、翻訳をしています。日本語に翻訳する場合は、日本語について深く考えないと、良い訳文はできません。翻訳は、日本語文章の問題を映し出す鏡であるともいえます。

作家であれば、自分の好きな文章を好きなように書けます。しかし、実務翻訳者は、文章の選り好みはできません。フルタイムの翻訳者なら、特化した専門分野はある程度ありますが、外国語で書かれている、ということ以外は共通点がない、幅広い分野の文書を読み、書く経験が蓄積されます。**翻訳者は、まずは文章の優れた読み手であることが求められます**。「経験とは一人一人異なるものだから、読むことは翻訳することである」とイギリスの詩人オーデンは言っています。もちろん、文章を書くときには、読むときの経験を活かせます。

一般的に、ある文章の内容を、読者が本当に理解できたか確実に確認するにはどうすればいいでしょうか。「この文章に書かれていることを理解できましたか」とある読者に聞いたとします。「はい」という答えがきたからといって、

その人が本当に理解したと確信できるでしょうか。文章を書き写すことが、文章を理解する方法と考える人もいます。しかし、文章をまったく理解しなくても、なんの問題もなく文章を書き写すことは可能です。翻訳では、そうはいきません。文章を理解する力は、翻訳者に要求されるごく一部の要件です。しかし、少なくとも、翻訳者は、原文の文章を完全に理解する力がないと、正しく翻訳できません。

　日本語からの翻訳は厄介です。英語など、他の言語から日本語に翻訳されることはよくありますが、それと比べて「日本語からの翻訳」は、かなり少ないようです。文学でも、海外では、村上春樹や吉本ばななど、ごく一部の作家の知名度が極端に高いのは、翻訳されていない作家が多いからです。需要がないわけではありません。ただ、日本語から翻訳する場合、翻訳者は、あいまいな日本語原文に苦しめられます。翻訳者は、翻訳する原文を読むたびに、自分に対して理解度テストをしているともいえます。一字一句でも理解できない箇所があれば正しく翻訳できないので、理解できるまで格闘します。つまり、翻訳は、優れた文章理解度テストになるともいえます。

　また、文章本はこれまでにも多くありますが、日本語しか知らない人が書いた本もあります。英語やその他の言語という比較対象を知らずに、日本語を客観的に捉えることができるでしょうか。比較対象がなければ、日本語については主観的にしか語ることができません。英語や他の言語のルールは、そのまま日本語にも当てはまるわけではありません。しかし、近現代の日本語は、表記や文法に至るまで、欧米やその他の言語に多くの影響を受けています。本書では、英語圏での文章表記についても紹介しています。また、翻訳の実践の場で磨かれてきた、スタイル ガイドや用語集について紹介しています。

　実務翻訳者は、さまざまな分野のさまざまな文書に長時間、取り組むことになります。各分野の中でも、私が専門としているIT翻訳では、単価が安いわりには表記の要件が厳しいことがあります。実務翻訳の工程では、訳文を蓄積して再利用する翻訳メモリ ツールや、パソコン辞書、ネット検索、Wordな

どのさまざまなツールが使われます。この際に、発注元から支給されるスタイルガイドや用語集を使います。実務翻訳者としては、「例外の少ない、シンプルな表記基準にしてほしい」という気持ちがあります。また、IT翻訳者は、納品前に自分で訳文をチェックしますが、短時間で効率的にチェックする技術が必要です。本書では、このような技術の中でも、翻訳ではない日本語作文にすぐに活用できるノウハウを紹介しています。また、よりよい作文をするために、用語集を作成、管理、活用する方法を紹介します。

　本書の2つ目の特色として、**電子文書でのより良い書き方を示します**。電子文書は、紙の文書と異なり、さまざまな形で共有され、再利用されます。また電子文書では、複数の執筆者で共同編集することがよくあります。このような場合や、ネットで電子文書が検索される場合を配慮することで、電子文書の利点を最大限に活かせます。電子書籍には腰の重かった日本の出版界も、海外に追いつくために、対応せざるを得ない状況になっています。今後は、電子書籍と、ウェブ上の文書との境目が薄れ、実用書では、最初から読むだけでなく「検索して読む」という読み方もされるようになるでしょう。

　ここで、「文書」と「文章」の違いをはっきりさせておきましょう。「文書」（document）は、それ自体で完結する、有機的に構成された文の集合です。文書は、1つ、2つと数えることができます。「文章」（writing）というときは、文書を含むこともありますが、（図や写真ではない）文書の一部、つまり「テキスト」や、複数の文書の集合も指すことがあります。創作文章と実務文章の性質や違いについて論じる場合などは、「文章」を扱います。構造に関係するトピックでは、「文章」よりも「文書」のほうを扱います。

　一定の決まりに従って書くと、日本語の「使いやすさ」、言ってみれば「日本語体験」が変わる、さまざまな利点があります。IT分野では、PDFや、ウェブページに使われるHTMLなど、さまざまなファイル形式の標準仕様が決められています。決まりに従ってHTMLを作成しないと、ウェブサイトが正しく表示されません。それでは、そのHTMLの内容の文章を記述している、

「日本語」についてはどうでしょうか？　文法という最低限の決まりはあります。しかし、表記については、一貫性のある決まりがないか、もしあったとしても企業や組織ごとにまったくばらばらなのが現状です。企業や官庁のウェブページでは、バリアフリーの観点から、字が読みづらい、あるいは読めない人のために、音声読み上げツールに対応しています。音声読み上げツールでは、同音異義語など、読み上げ自体に関する問題もありますが、それ以前に、目で読んで分かりづらい文章は、耳で聞いても分かりづらいものです。文章自体を分かりやすくする努力をしないと、ツールだけでは不十分です。

　本書の3つ目の特色は、**権威ではなく、合理的な裏付け**です。本書は、実務文章について一般論を書いているのではなく、「実務日本語」という特定の表記方法について説明しています。これまでの文章の本では、「ただそうなっている」ということを示すだけで、「なぜ、そう書いたほうがいいのか」という理由付けがはっきりしないものもありました。本書では、主観的な精神論ではなく、「なぜ、ある方法が他の方法より良いのか」を、可能な限り客観的に、つきつめて考える方法をとっています。しかし、複数の方法がある場合、「どちらが正しいか」という議論には、結論が出ないこともあります。自分がいつも使っている書き方なら、それが一番正しく、自然と思えるでしょうし、それ以外は不自然に見えるでしょう。本書では、複数の方法のうち、「どちらが正しいか」ではなく、「どちらが実用的で役立つか」という考え方をします。

　読みにくい文章には、さまざまな問題が潜んでいます。あまりにも問題が多様なために、個々の言葉の問題にとらわれて、実際にはなにが重要なのかを見失ってしまうこともあります。本書では、個々の言葉の使い分けよりは、広く適用できる原則を考えます。たとえば、分かち書き、1文を100字以内にするルールや、字数制限の作文など、実際に改善の効果を実感できる方法を、具体例で示します。また、Microsoft Wordの他、ワープロを活用して、楽に、分かりやすく、正確に日本語で作文して、自分でチェックする技能を身に付けられます。

本書では、日本語の文法についてはほとんど触れていません。実務文章で最終的に重要な基準は、**「正しい」文法**か、ということ**よりも分かりやすいか**、ということです。文法的議論は、学問や問題提起としては有意義でしょう。日本語の主語など、どれが正しいのか、現時点で大多数が合意できるような結論の出ていない問題が多数あります。文法的にでたらめでもよい、ということではありません。しかし、日本語の文法には異論が多いわりには、実際的な問題の解決になかなか結びつきません。文法的には正確で、「正しい日本語」であっても、分かりづらい日本語文章は数多くあります。企業や官庁では、現実に分かりにくい日本語が使われ続け、誤解による損害が生じています。逆に、日本語文法の知識がなく、文法を意識していない人でも、文Aと文Bのどちらが分かりやすいか、という比較はできます。

　言葉はだれのものでもないと同時に、だれのものでもあります。「なにが正しい日本語か」という議論は、ある意味では不毛です。一冊の聖典に絶対的な答えが書いてあるのでなければ、だれもなにが正しいとは断言できないでしょう。問題の解決につながる適切な議論、検証可能な議論は、「正しい日本語か」よりも「分かりやすい日本語か」ということです。言い換えれば、重要なのは、権威ではなく、合理性であるということです。もちろん、本書の方法もまた、唯一のものでもありません。しかし、これから日本語の表記について知ろうとする人の考えるきっかけにはしていただけるはずです。

　なお、本書では、以下の記号を使って例文の種類を示しています。

　〇推奨される用法の文の例
　△改善の余地がある文の例
　×誤解を招く不適切な文の例

02 実務悪文の3つの問題点
難しい・あいまい・長い

> **この章の主なポイント**
> - 悪文は時間・労力・費用を無駄にし、場合によっては命に関わる
> - 実務悪文の3つの問題点は、「難しい・あいまい・長い」
> - 「難しい文章が良い文章だ」という思い込みを捨てる
> - 良い実務文章は、分かりやすく、共有・再利用しやすい

悪文は時間・労力・費用を無駄にする

命に関わる悪文がある

　良い文章を書くには、まず悪文とはなにかを知る必要があります。悪文とは、どのような文章でしょうか。長くて読みにくい。あいまい。理解できない。意味が分からない。意味がない。汚い言葉、差別的な用語など、読んでいて不快感を与える。さまざまな要素が考えられます。文章をだれかにきちんと読んでもらうのは実に難しいことです。仕事の必要上、相手に読んでもらわないと困るメールでさえ、なかなか読んでもらえません。「あのメール、読んでくれましたか？」と聞いて、「いえ、実はまだ……」というやりとりは、一度はしたことがあるはずです。さらに、読んだからといって、きちんと理解してもらえているかは別の問題です。書きっぱなしで、相手に読んでもらった気になっていると、後で行き違いが生じます。普通の文章はまだしも、読みにくい悪文がまともに読まれないことは簡単に想像できます。ソフトのヘルプや家電の説明書も、隅から隅まで読む人は少数派でしょう。また、そのような説明書を読んだときに、「説明が分かりにくい」と思われたことはありませんか？

　「分かりにくい」だけで済めばいいですが、悪文は時として命に関わることもあります。実務文章での日本語の悪文について、いくつかの例で考えてみま

しょう。

　これは、実際にあったできごとです。2010年9月、JR東海の運転士が、架線に引っかかったビニール袋を見つけました。指令所に問い合わせると「写メールをとってください」という指示が来ました。ところが、車掌はビニール袋を「取ってください」と言われたものと勘違いして、感電防止の措置をすることなく、素手でビニール袋を取り除いたそうです。幸いにも、このときは、感電事故はなかったようですが、過去には同社管内での作業中に、感電による死亡事故も発生しています。その後、JR東海では、このような場合、「撮る」を「撮影する」という言葉で表現するように改めたそうです。

　また、「防災船着き場」というものがあります。なにをするところかお分かりでしょうか。これは隅田川のほか、全国の河川にいくつか設置されているようです。防災船の船着き場？　防災のための船着き場でしょうか？　実は、これは地震などの災害が起きたとき、陸上の交通路が絶たれて移動できない場合に、水上から避難するための船が着く場所ですが、直感的に分かりにくい名前です。こういう名前になったのは、それなりの経緯があったのでしょうが、たとえば「緊急避難用船着き場」などとしたほうが、いざというときに分かりやすいのではないでしょうか。「たかが名前」と思われるかもしれませんが、このような分かりにくい日本語は、災害時には人命に関わります。

悪文の「難しい・あいまい・長い」という問題

　実務の悪文には、「難しい・あいまい・長い」という3つの大きな問題点があります。図1（次ページ）は、これらの問題点を示しています。それぞれ、以下で順に説明します。

　前項の、ビニール袋を「取る」か「撮る」かの勘違いは、同音異義語のあいまいさによるものです。また「防災船着き場」という標識が分かりにくいのは、実態を表す適切な用語を使わず、難しい言葉を使ってしまったからです。

　このような悪文の問題は、どうしたら解決できるでしょうか。それには、なぜ

文章が難しく、あいまいで、長くなるのかという原因を詳しく知る必要があります。

図1 | 悪文の問題点

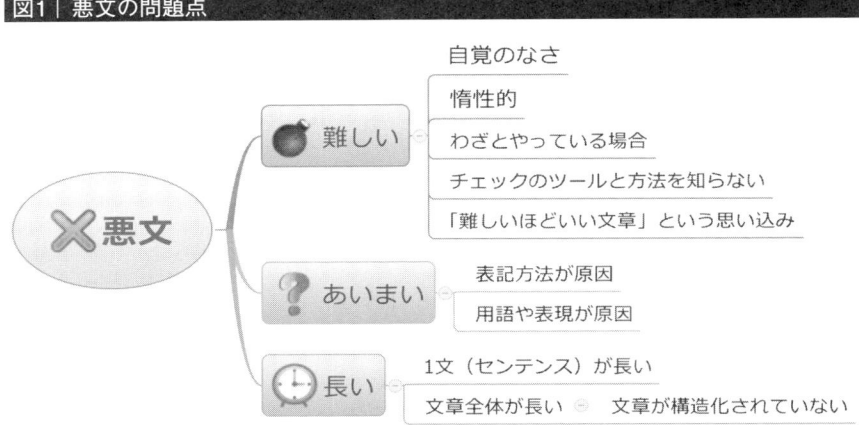

文章が難しくなる5つの理由

まず、難しい文章について、考えます。文章が難しくなる理由は、主に以下の5つがあります。

1. 書き手に、自分の文章が分かりにくいという自覚がない
2. 企業や組織の規則、業界の慣例の書き方に従って書いている
3. 意図的に分かりにくく書いている
4. 自分の文章をチェックする方法を知らない
5. 「難しい文章が良い文章だ」という思い込みがある

1. の、書き手に、自分の文章が分かりにくいという自覚がないことは、読み手と書き手の関係に関わる問題です。38ページで説明します。
2. の、企業や組織の規則、業界の慣例は、スタイル ガイドに関係します。

尊重すべき慣例もありますが、惰性的に悪習が引き継がれている場合もあります。45ページからの3つの章で説明します。

3. の、意図的に分かりにくく書く場合は、善意によるものと、悪意によるものがあります。言葉というツールは、書き手しだいでさまざまな使い道があります。婉曲な表現をして、読み手の感情を傷つけないようにする、ということはあります。また、広告では、自社製品の良い点を強調し、悪い点は目立たないようにしたいこともあるでしょう。ただ、本書での、実務文章の基本姿勢は、誠意を持って書くことです。書き手は、婉曲に書き、真意を隠し、読み手を困らせ、さらには「ごまかす」ために書くこともできます。また、実務文章ではない文学、特にフィクションでは、読者に対して、美しい嘘をつき、現実でないものに現実感を与えます。これらの方法は、本書では扱いません。

4. の、自分の文章のチェックには、用語集やツールでチェックできます。221ページで説明します。

5. については、以下の項で説明します。

「難しい文章が良い文章だ」という思い込み

文章が難しくなる理由の一つは、「**難しい文章が良い文章だ**」という思い込みがあるからです。まず、この思い込みを捨てる必要があります。これには、高校までの国語教育、大学入試での小論文の書き方指導、大学での卒業論文指導に責任の一端があります。実際にはしっかり理解していないのに、書く側も読む側も、なんとなく理解した気になってしまいます。

哲学者・西田幾多郎は、西洋哲学を取り入れたうえで、日本で最初期の哲学書『善の研究』を出しました。この本は、版を重ね、大ベストセラーになったそうです。しかし、この本を買った読者全員が、西田の思想を理解したというわけではないでしょう。「よく意味は分からないが売れている本なので買ってみた」という人もいたのではないでしょうか。以下の引用の出典は、（読みやすく編集が加えられた）岩波文庫版です。

「精神の統一者である我々の自己なる者は元来実在の統一作用である」[1]

　西田は多くの人に影響を与えましたが、その一方、難解さと、相手の反論をあらかじめ封じるような論法について批判も受けています。極端な場合は、宗教の開祖のように見なす人もいたようで、「実際に理解しているか」はあまり重要とは思われなかったようです。このような書き方は、学問では「難しい文章が良い文章だ」という路線を確立してしまった一因かもしれません。

　見かけだけ「難解」な論文が論争を巻き起こした例として、ソーカル事件があります。1996年に、ニューヨーク大学の物理学者アラン ソーカルが、物理学の概念を取り込んだ人文学の論文を『ソーシャル テキスト』誌に送ったところ、掲載されました。ところが、その後、彼はその論文がまったくのでたらめであることを公表しました。ソーカルは、物理学や数学の専門用語が人文学でいいかげんに使用されており、よく意味が分からないのに、いかにももっともらしい言葉を使って煙に巻く風潮を批判したかったようです。残念ながら、そのような風潮は、人文学に限らず、今でも根強く残っています。

　難解な文章については、私も個人的に反省していることがあります。私は、筑波大学の比較文化学類というところで学士の卒業論文を書きました。その当時は、難しく書くことになんの迷いもありませんでした。文学系ではありがちなことですが、ずいぶんもったいぶった書き方をしていました。論文では、特に分かりやすく書くことは、重視されていませんでした。

　その後、シカゴ大学大学院の人文学修士課程に行き、Little Red Schoolhouseという英作文プログラムを受講しました。これは、留学生向けの英語コースではなく、大学院生が論文やエッセイを書くための作文の授業です。このプログラムでは、明確な作文が徹底的に指導されており、私は、英作文についての取り組み方を根本から考え直すことになりました。その後、実務翻訳者として働くようになってから、日本語での作文に応用できる点についても考えました。また、シカゴ大学では、後述のシカゴ マニュアル（57 ページを参照）にも出会

1 『善の研究』115 ページ

い、英語の作文の層の厚さに大きな衝撃を受けました。

分かりやすく書くことこそ難しい

「実務文章を分かりやすく書く」ということは、ついでにあればいい技能ではなく、**根本的な言語技能**です。また、学習と練習によって身に付けることができる、体系的な技能です。実務文章が読みにくいということは、知性や教養の高さを示しているわけではなく、書き手の作文技能に問題があるということです。

論文や公文書では、「難しい専門用語、見慣れない外国語、硬い表現を使って知的に見せかける」ということはよく行われています。「自分が物事を知らないと思われたくない」という気持ち、つい難しく書きたくなる心理は理解できます。しかし、本当に難しいのは、「分かりやすく書くこと」です。文章を理解してもらえないのは、読み手のせいというより、書き手の責任であることも多いものです。

尊敬語、丁寧語、謙譲語がよく発達しているのは、日本語の大きな特徴の一つです。自らへりくだり、相手を尊重することは大切です。しかし、丁寧に書かれてはいても、分かりにくい文章は多く存在します。

私は、翻訳者として分かりやすく書けないのは文章が下手なせい、恥であると考えていますから、「どうしたら読みやすくできるか」を真剣に考え、実践しています。そのため、「分かりやすい文章ですね」と言われるのは、とてもうれしいほめ言葉です。「読みやすく書く」というのは、一部の人間だけが持つ特殊な才能ではなく、習得できる「技能」です。読みにくくなる理由は分析でき、修正できます。技能である以上、教えることも習得することもできます。

なぜ危険なあいまい文章になるのか

あいまいな文は、実務文章では、問題になります。そもそも、**あいまいとはどういうことでしょうか**。まず、同じ文が複数の意味に取れる、ということが

あります。極端な場合は、同じ文が正反対の意味にも取れる、ということもあります。「けっこうです」は、申し出を喜んでいるのか、断っているのか、文脈によってははっきりしないことがあります。

　「日本語はあいまいか否か」ということは、しばしば議論されています。「日本語はあいまいである」と言うとなぜか怒る人がいますが、あいまいなのはそもそも悪いことでしょうか？　文学作品では、あいまいさが重要な意味を持つことはよくあります。この場合は、一つの言葉や表現が複数の意味を持つ「多義性」という言い方をすることもあります。ご存じのように、和歌などでは掛詞という修辞法があり、たとえば「待つ」と「松」の2つの意味を持たせることができます。したがって、一概にあいまいだから悪いとか劣っているということにはなりません。ただ、それはあくまでも文学での話です。実務文章では、あいまいなのは問題です。

　また、「あいまいさこそが日本的美学」とも言い難い点もあります。江戸っ子は、奥歯に物の挟まったような言い方を嫌い、白黒をはっきり付けるものとされています。江戸っ子だけが日本人ではありませんし、理屈っぽいのは江戸っ子らしくないかもしれませんが、物事をはっきりさせる、筋を通すという考えも、古くから日本語の一部だったといえます。

　「あいまい」という問題には、「適切な文脈があれば誤解しない場合」と「適切な文脈があっても誤解する場合」があります。部分的に、「難しい」ということも関係してきます。当然ながら、より深刻なのは、「文脈があっても誤解する場合」ですが、文脈とは固定的・絶対的ではなく、読み手の予備知識によって変わることもあります。そのため、くどくならない範囲で、文脈に依存しすぎない、あいまいにならない実務文章にする必要があります。

　「日本語はあいまい」といえるかはともかくとして、少なくとも「日本語はあいまいになりやすい」とはいえそうです。この場合、比較対象の言語なしに考えても、建設的とはいえません。比較対象として、英語を考えてみましょう。英語でもあいまいな文を書くことはできます。たとえば、受動態を使えば、動

作の主体がだれなのかあいまいにできます。しかし、英語の文章では、語順で意味が決まり、文の構造によって意味が明確に異なります。簡単な例として、英語で"Let's eat Grandma."と"Let's eat, Grandma."という文があります。この場合、コンマだけではっきり意味が異なります。つまり、コンマがなければ、食べられてしまうのは目的語であるおばあちゃんで、その他の解釈はできません。コンマがあれば、おばあちゃんに呼びかけているだけです。日本語では、「おばあちゃん食べよう」と「おばあちゃん、食べよう」という文では、どちらも2通りの解釈ができます。会話では文脈があるので誤解することはありませんが、文章では、誤解がないように、文脈をしっかりさせる必要があるでしょう。

「あいまいさ」は、文（センテンス）の中で、また文章全体に現れます。文のレベルでは、**表記方法が原因であいまいになる場合**があります。「米・コーン・スターチ」という書き方では、「米とコーン・スターチ」なのか、「米、コーン、スターチ」なのかあいまいです。この点についての詳細は、142ページを参照してください。

また、**用語や表現が原因であいまいになる場合**があります。まぎらわしい単語は、日本語に限らず、さまざまな言語にあります。フランス語では「右」はdroit、「まっすぐ」はtout droitといいます。また、ドイツ語では小文字のsieは「彼女」、大文字のSieは「あなた」です。ヒンディー語では、「明日」と「昨日」は同じkalという語で表すことがあるそうです。このようにまぎらわしい場合でも、文脈が明確であれば間違えません。

次の文はどうでしょうか。

×その男は、公道で改造したバイクを乗り回していた。

この文では、おそらく「公道でバイクを改造した」のではなく、「公道で乗り回していた」はずですが、以下のように書き換えれば、よりはっきりさせることができます。

○その男は、改造したバイクを公道で乗り回していた。

　また、銀行の店舗の貼り紙に「震災前より営業時間を短縮しています」という文があったとします。これは、以下の2通りの読み方ができます。

- 震災が起きる以前から営業時間を短縮していた
- 震災前の営業時間よりも、現在の営業時間のほうが短い

どのように書き換えれば、明快になるでしょうか。考えてみてください。

　企業の実務文章で、このような「あいまいさ」の問題を解決するには、以下の方法があり、各章で説明しています。

- スタイル ガイドを制定する（あるいは標準的なスタイル ガイドを採用する）→52 ページ
- 文の組み立てを改善する→89 ページ
- 文章の組み立てを改善する→152 ページ
- 用語集を制定する→221 ページ

情報過多の時代では長いだけで悪文

　情報過多の忙しい現代では、**実務文章は長いだけで悪文**といえます。今、ものを「捨てる技術」がはやっていますが、読まなくてはならない文章が多すぎる中で、読み手は読むものを厳しく取捨選択します。一方、書き手は、「読んでもらえる文章」にするために、情報を取捨選択して、簡潔な実務文章を書く必要があります。

　「文章が長い」というとき、1文（センテンス）が長いということと、文章全体が長いという、2つの問題があります。1文がむやみに長いと、読みにくさにつながります。本書では、1文が100字を超えると半分にするという「百半ルール」を90 ページで紹介しています。

本来はもっと簡単に書けるのに、文章全体が必要以上に長いと、読まれないこともあります。また、情報が多いならまだしも、説明がまずいために、情報量は少ないのに文章が長くなることもあります。たとえば、東京電力が作成した、福島第1原発事故の個人向け損害賠償の書類は、案内書だけで160ページ、記入用紙は60ページあることで、「請求を意図的に難しくしている」という批判を受けました。文章全体が長くなる場合は、段落構造に基づく文章整理がされておらず、重複や不要な箇所が多くなることが原因です。この改善方法については、152ページで紹介しています。

分野ごとの悪文の具体例

　以下では、いくつかの専門分野の文書で、「難しい・あいまい・長い」という悪文の具体例を挙げます。ここでは、まず悪文とはどのようなものかのイメージをつかんでください。細かい個々の問題については、本書の各項目で説明します。どうしたら悪文をよくできるか、自分でも考えてみてください。

IT分野や家電の記事・ヘルプ・説明書

　IT分野や家電の記事・ヘルプ・説明書などの文章は、翻訳された文章が多く、そのことが不自然な日本語という印象を与える原因にもなっています。

　・この方法では、ファイルは完全に処理されません。

　この例文では、「ファイルが完全には処理されない」（つまり処理されないファイルもある）のか、すべてのファイルが「まったく処理されない」のか、あいまいです。また、文脈によっては、あるファイルが途中までしかされない、つまり処理の工程が不完全ということもあります。以下のどちらかに書き直せば、意味がはっきりします。

- この方法では、ファイルはまったく処理されません。
- この方法では、いくつかのファイルが処理されないことがあります。
- この方法では、ファイルが途中までしか処理されないことがあります。

「このデータは全部コピーできません」という文も同じ問題があります。「全部はコピーできない」のか「まったくコピーできない」のか、あいまいです。

私が持っているスマートフォン（auのIS01）の画面で、以下のような表現が実際にありました（カタカナ表記は原文のまま）。

ワンセグでmicroSDメモリカードに録画データを保存しているときは、マウントできません。

まず、いきなり「マウント」という技術用語が出てきてユーザーは面食らうかもしれません。ここでは、マウントとは「機器内のメモリーカードを、外部に接続したパソコンからアクセスできるようにする」という操作を指します。この文にある問題は、この言葉だけではありません。この文では、「保存している」という表現が「保存中」なのか「保存済み」なのか、あいまいです。つまり、「ワンセグを録画中（動作が進行中）はマウントできない」のか、「メモリーカード中にすでに保存された録画データがある（動作が完了）場合はマウントできない」のか、文脈だけでは判断できないのです。結局、サポートに確認する手間がかかってしまいました。

官公庁のウェブサイト

表記の方法として「公用文」という書き方が引き合いに出されることがあります。これは、1952年に官庁に出された通達ですが、制定が約60年前と非常に古い規則で、さまざまな問題点が指摘されています。もちろん、電子文書についての配慮はされておらず、現在、官庁で徹底して使用されているわけでもありません。そもそも官庁のウェブサイトには、同一ウェブサイト内であって

も統一された表記の規則はないようです。紙の時代に文書として印刷するだけなら、表記がばらばらでもそれほど問題はなかったでしょう。しかし、電子文書として再利用・共有する際には、表記の統一はより大きな問題となってきます。また、ウェブサイトやメールなどを通して、多くの人が官公庁の文書を、直接、目にしやすくなってきている現状では、今まで以上に分かりやすい表記が求められているといえます。「公用文2.0」を検討する必要がありそうです。新しく開設される原子力安全庁ウェブサイトには、1億4000万円もの予算が使われていることが注目されています。このような予算がかけられて、読みづらいウェブサイトにしかならなければ、利用者はとうてい納得できないでしょう。

　国税電子申告・納税システムe-Taxをご存じでしょうか。これは、2010年度は2084万件も利用されているシステムであるにも関わらず、分かりにくいサイトの好例です。ぜい肉が付いた、無駄に長くて複雑な文章になっているため、もともとは簡単な内容でも理解しづらくなっています。

　また、国税庁ウェブサイトの「税について調べる」という項の中の「文書回答事例」には以下の文があります。

「文書回答事例（過去に個別通達として発遣されたもの等の一部も含みます。）は下のボックス内に項目別に整理してありますので、ご覧になりたい項目をクリックしてください。」[2]

　いくつか目につく問題があります。まず「個別通達として発遣された」という難しい語が使われています。これは分かりにくい語の一例です。「個別通達として出された」と書くとなにか不都合があるのでしょうか？　また、ここでは文中にカッコで注を入れているので、長くなっています。そもそも、この文自体がどれだけ必要か疑問です。リンクをクリックすると、その先に情報があるのは当たり前ですし、項目別に整理しているのは見れば分かるので、改めて書く必要はそもそもありません。総務省の「電子政府」の窓口の「文書回答事例」には、以下の注意事項が書かれています。

2　国税庁、「文書回答事例」、http://www.nta.go.jp/shiraberu/zeiho-kaishaku/bunshokaito/01.htm

「本システムで提供する法令データは、総務省行政管理局が官報を基に、施行期日を迎えた一部改正法令等を被改正法令へ溶け込ます等により整備を行い、データ内容の正確性については、万全を期しておりますが、官報で掲載された内容と異なる場合は、官報が優先します。」[3]

　この文は、123文字あります。しかし、文の前半と後半には、論理的な関連性がなく、むりやり1文にする理由がありません。

　「本システムで提供する法令データは、総務省行政管理局が官報を基に、施行期日を迎えた一部改正法令等を被改正法令へ溶け込ます等により整備を行っています。(73文字) データ内容の正確性については、万全を期しておりますが、官報で掲載された内容と異なる場合は、官報が優先します。(54文字)」

　「溶け込ます」という表現がなにを指すのかは、あいまいですが、このように分割して、1文を100字以下にすると、理解しやすくできます。「【百半ルール】1文が100字を超えたら2文に分ける（90ページ）」を参照してください。

医学分野の悪文

　医学分野は、専門用語や難しい語が使われる分野の一つです。医学情報をまとめた書籍に、『メルク マニュアル』があります。これは、ウェブ上で無料公開されており、非常に役立ちます。通常版と家庭版があり、通常版は、医学知識があることを前提としていますが、家庭版では、分かりやすい用語や漢字が使用されています。通常版の「坐骨神経痛」の項では、たとえば、以下の文があります。

　　ヴァルサルヴァ手技は痛みを増悪することがある。[4]

　増悪は、「ぞうお（憎悪）」と取り違えやすいですが、「ぞうあく」と読みます。意味は「悪化」とほぼ同じです。これは、医療関係者には常識であっても、一

---

[3] 総務省「法令データ提供システム」、http://law.e-gov.go.jp/cgi-bin/idxsearch.cgi
[4] メルク マニュアル、http://merckmanual.jp/mmpej/sec04/ch041/ch041c.html

般向けには誤解されそうな語です。ちなみに、坐骨神経痛は、家庭版では「座骨神経痛」と表記されています。「座骨」のほうが分かりやすいという判断によるものと思われます。

　2008年からインドネシア人看護師候補者が来日しました。しかし、看護師国家試験に1%しか合格できず、大半が3年で帰国しました。試験で難しかった医療用語の例として、「褥瘡」という言葉が挙げられていました。これは「じょくそう」と読み、床ずれのことです。確かに、このような言葉が読めないというのは、医療を受ける患者側としては不安ではあります。また、どれだけちゃんと勉強しているかを調べるには、あえて難しいことを聞く必要もあるでしょう。しかし、「床ずれ」と書けばいいものを、褥瘡とわざわざ書く必要があるのでしょうか？　このような言い換えは、専門家の意見を反映して慎重に行う必要がありますが、分かりやすい医学用語は、日本人であるかどうかに関わらず、必要とされているはずです。しかし、そのためには、語彙や書き方の点で、いろいろと考え直す必要があります。

　難しい医療用語を分かりやすく言い換える取り組みも行われています。2009年には、国立国語研究所「病院の言葉」委員会によって「『病院の言葉』を分かりやすくする提案」[5]が行われました。寛解、エビデンス、浸潤といった言葉の言い換えや、ウイルス、腫瘍などの言葉の明確な説明などが提案されています。一語一語に詳細な討議をしたためか、まだ152語と数は多くありません。このような取り組みでは、使用頻度が多い言葉をまず抽出して、優先順位を定める必要があります。しかし、今後もこのような努力が続けられれば、病院に行ったときも、なにが起きているか正確に理解でき、安心できるようになるはずです。

法律分野の悪文

　法律用語としては、特殊な語が多数あり、意味や読み方が日常語と異なることもあります。遺言は、法律用語としては「いごん」と読みます。また、「被告

---

[5] 国立国語研究所、「『病院の言葉』を分かりやすくする提案」、http://www.ninjal.ac.jp/byoin/

と「被告人」の違いをご存じでしょうか。「被告」は民事訴訟で訴えられた人、「被告人」は刑事訴訟で起訴された人です。このような語を説明するときは、正確さを保ちつつ、分かりやすく書く必要があります。

　2009年に裁判員制度が施行され、法律の専門知識がない一般人が裁判に関わるようになりました。法律用語も難解なままでは、さまざまな問題が出ることが予想されます。以下は、裁判員の名簿記載通知に関する文章です。

　　これは，調査票をお送りする前年の段階で，特定の月については参加が困難であるなどといった事情があらかじめお分かりになっている方もいるでしょうから，そうした都合を早期にお伺いして無用に裁判所にお越しいただくことを避ける目的から，2か月を上限としてそのような都合をお伺いする運用を考えたものです。[6]（145文字、句読点は原文ママ）

　敬語を多用して丁寧に、また親しみやすく書こうとしている努力が伺えますが、改善できる余地があります。1文が145文字では長すぎです。「敬語多用」路線は維持するとして、少し手を入れるだけで、以下のように読みやすくできます。

　　調査票をお送りする前年に、特定の月は参加が難しいといった事情があらかじめお分かりの方もいるでしょう。そうしたご都合を早期にお伺いすれば、無用に裁判所にお越しいただくことを避けられます。このために、2か月を上限としてご都合をお伺いしています。

［良い実務文章とは

　これまで、悪い実務文章について述べてきましたが、良い実務文章とはなんでしょうか。図2にまとめてみました。

---

[6] 裁判員制度、http://www.saibanin.courts.go.jp/notification/index.html

図2｜良い実務文章の条件

- 説得力がある
- 具体的である
- 自然な文章である
- 簡潔である
- 論理的である
- 構造化されている

**分かりやすい
共有・再利用しやすい**

　本書で扱う、良い実務文章の一次的条件、つまり最重要の条件は、以下の2つです。

- **分かりやすい**
- **共有・再利用しやすい**

　本書では、**良い実務文章は「分かりやすい」文章である**、としています。一度読めば分かる文章、二度読まずに済む文章を書く、ということです。良い実務文章は、「難しい、あいまい、長い」の、悪い実務文章の反対、というだけでは不十分です。良い実務文章の根本的な条件は、書き手の目的を果たすこと、つまり、基本的には、「書き手の伝えたいことを伝える」ことです。そして、これは「分かりやすく書く」ことです。

　また、「分かりやすく書く」ことに加えて、「**共有・再利用しやすい**」ことを、**21世紀での良い実務文章の条件**とします。これは、結果的に、検索しやすい、一貫性がある、といったことも含まれます。

　あなたの文章の価値を、簡単に2倍にできる方法があります。その文章が違う形で、2回、活用されればよいのです。簡単な例としては、紙で出版した本を、電子書籍としても出版する場合があります。再利用できるということは、文章を一度きりで使い捨てにせず、何度も使うことで、文章の価値を高めるこ

とができるということです。つまり、「共有・再利用しやすい」文章が良い文章といえます。書籍や論文では、その他の論文に頻繁に**引用**されることが、評価が高いことになります。ウェブ ページでは、外部から数多くリンクされ、紹介されるようなコンテンツは良いコンテンツです。このような引用やリンクも「再利用される」ということです。

　また、ある文章を3人の共同作業で仕上げれば、1人ですべて書くより、効率が良くなります。この場合、手間が3分の1になる、とはいえないでしょう。方法を間違えると、1人よりも労力が増えることもあります。しかし、表記や用語をうまく使えば、「3分の1に近づける」ことができます。つまり、相対的に価値の高い文書が、より少ない手間で書けるということです。なお、一度きりで使い捨てされるのではなく、再利用される文書だからこそ、日本語の品質と表記に、より気を配る必要があります。

　良い実務文章の二次的条件は、以下のとおりです。どれも重要ですが、まず、分かりやすく、共有・再利用しやすいという一次的条件が満たされたうえで、必要になります。

- 簡潔である
- 論理的である
- 構造化されている
- 説得力がある
- 具体的である
- 自然な文章である

　簡潔であることは重要ですが、「分かりやすい」という一次的条件を実現するための二次的条件です。簡潔ではあっても、省略しすぎて分かりにくくなることがあります。

　論理的であることも、良い実務文章の二次的条件の一つです。ただ、「実務文章として分かりやすい」という場合には、論理的であることはすでに含まれ

ているといえます。論理的ではあっても難しい文章では、実務文章の目的が果たせません。

　しっかり**構造化されている**ことは、論理的であることと関係します。まとまった長さの文章を分かりやすく、また共有・再利用しやすくするためには、しっかり構造化する必要があります（152ページを参照）。

　良い実務文章には、**説得力**という条件もあります。ただし、実務文章には、説得力を必要とする文章がある一方、説明書のような、説得力を必要としない文章もあります。説得力を必要とする文章には、読者の感性に感情的に訴えかける、本書の対象外となる「名文」や創作的要素が関係してくることもあります。プレゼンテーションやスピーチは、説得力が重要な技能ですが、本書の範囲からは外れます。「分かりやすい」こともまた、説得力につながります。本書では、「分かりやすさ」の結果としての説得力に限定し、観点としては「分かりやすさ」に注力します。

　具体的ということは、説得力とも関係する、良い文章の条件の一つです。情報が正確、ということも関係してきます。ただ、科学論文などでは、調査の方法、得られたデータの品質、さらにはデータの解釈と分析など、文章そのものとは別の問題も多いため、本書では触れません。

　本書では、実用性を優先しているため、**自然な文章**であることは最優先事項ではありません。「自然さ」は、あくまで「分かりやすさ」に次ぐ、良い実務文章の二次的条件となります。「分かりやすさ」と「自然さ」は、本来は両立するはずですし、そうなるように努めるべきです。しかし、実務文章で、もしこれらを天秤にかけるとしたら「分かりやすさ」を優先すべきです。つまり、言葉遣いが単調になったり、少々くどくなったりしても、分かりにくくなるよりはよいということです。

03 読み手と書き手
簡潔・明快に書くために

> **この章の主なポイント**
> - 読み手がだれかをはっきりさせる
> - 書き手は、読み手のことを意識して書く
> - 実務文章と創作文章の違いに注意する

読み手がだれかをはっきりさせる

　実務文章を、簡潔・明快に書くにはどうしたらいいでしょうか。これは本書の残りすべてでこれから説明する大きなトピックですが、文章を書き始める前に考える、基本的で重要なポイントがいくつかあります。

　まず、**書き手は、読み手のことを意識して書く**必要があります。そのためには、**読み手がだれか**、をはっきりさせる必要があります。ピーター ドラッカーは、経営学の観点から「顧客を知ること」の重要さを説いています。書き手にとっての「顧客」はだれでしょうか。それはもちろん、読み手です。文章は、書き手が書き、読み手が読むものです。

　読み手がいない文章というものはありません。書き手自身は最初の読み手でもあります。だれにも読ませない日記でさえ、「自分」という読み手がいるはずです（自分でもまったく読み返さない日記なら別ですが）。昔の日記を読んでみて、当時なにが起きていたか、正確に思い出せますか？　昔の日記では、かなり丁寧に書かれた日記でないと、自分でもなにについて書いているのか、そもそもなぜそんなことを書いたのか、理解できないことがあります。つまり、将来の読み手である「自分」のことを忘れて日記を書くと、書いたときの自分には理解できていた言葉や気持ちが、5年後の読み手としての自分にはまったく理解できなくなっているかもしれません。文章は、時間が経てば、書いた本人でも理解しづらいものです。まして、他人に情報を正確に伝えるには、相手

を知り、分かりやすい書き方を心がける必要があります。

　実務文章では、**特定の読み手、読者層を想定**したうえで、**その読者層にとって「分かりやすい文章」**を目指します。年齢、性別、文書に対する立場などの要素が、読者層を決める要素になります。この特定読者層に対して、専門用語や専門的表現が適切であれば分かりやすくなります。ここでの「専門用語や専門的表現」とは、なにも医学用語や宇宙工学とは限りません。私のように翻訳を生業にしていると、自分の専門のIT分野以外にも、実にさまざまな専門分野の文書に遭遇し、翻訳することになります。焼き物、ファッション、マンガ、ゲームなどもみな専門分野であり、それぞれに専門用語があります。これらの文書の書き手には、「これくらいは説明しなくても知っているだろう」という思い込みがあり、また、ごく一部の人にしか通じない専門用語を無意識に使いがちです。この思い込みが、実際の読者層が持っている知識と食い違うと、「分かりにくい」ということになります。

　たとえば、顧客用文書と社内文書では、読み手が違います。お客さんに対しては、分かりやすく、丁寧かつ魅力的な文章である必要があります。社内文書では、専門的な用語を使い、正確な情報を伝える必要があります。読み手に専門知識があるのに、基本的なことをわざわざ説明すると文章がくどくなります。過不足のない説明が最適です。もちろん、同じ読者層でも、実際の読み手には個人差があります。読者層が特定しづらい場合や、「この言葉は一部の人には分からないかも」と思うときは、より分かりやすい表現を選んだほうが安全です。

　特定の読み手の性質、読者層を把握することは、専門用語と専門表記の選択に主に関わります。専門用語についての詳細は、「用語集」（221ページ）を参照してください。専門用語以外のほとんどの「分かりやすく書く技術」は、読み手がだれであっても共通です。

　ブログ、Twitter、mixiの他人の日記などを読んでいて、ときにうんざりしたことはありませんか？　本人は実に楽しそうに（あるいはつらそうに）書い

ているのですが、「なんのことを書いているのか、まったく分からない」場合です。知らない言葉、知らない人名、なぜそんなことを書いているのか……理解できない文章は、友だちであってもフォローのしようがありません。「読み手がだれか」、「だれに向けて書いているのか」という方針をまったくなしに書くと、読み手としては実に読みづらいものです。

　企業での文書では、読み手に理解できないならまだしも、**読み手をよく把握していないと企業のイメージを損ねる**こともあります。2011年の福島第一原発事故の記者会見などで、東京電力は「事故」と言わずに「事象」という言葉を使って説明しました。「事象」とは、国際原子力事象評価尺度で決められた定義に基づく専門用語です。しかし、「事象」と呼ぶことがたとえ専門的に正確な場合でも、一般の人はそうは考えません。問題の深刻さをごまかしていると感じる人もいたでしょう。この場合、東京電力は、立場的に事故と簡単には認めることができない、という事情もあったわけですが。

　読者層を想定するのは当たり前、と思われるかもしれませんが、実際には、なかなかうまくいきません。読者層を絞り込まず、広く想定しすぎていることがあります。万人向けの文章というものはありません。新聞記事の文章は、パソコンのOSを「基本ソフト」と書くなど、「万人向け」に近づけようとしているとはいえます。しかし、実際の実務文章の多くでは、新聞より特定の読者がいるので、読者層に適した書き方ができるはずです。

　書き手としては、「分かる人だけに分かればいい」という気持ちもあるでしょう。しかし、読み手に「この文章は自分向けではないな」と思われたら、その読み手は黙ったまま遠ざかり、そこで終わりです。どんな文章も、気をつけないと書き手のグチや不満のはけ口になる可能性があります。読み手に媚びる必要はありませんし、ときには強い言葉を使う必要もあるでしょう。自分が読んだだけではどこが悪いのか分からない場合は、第三者的なチェックが必要です。しかし、自分が読んでも不快になるような文章は、他人に読ませるべきではないはずです。

同じ文書で、さまざまな読者に対応できるわけではありません。説明書であれば、たとえば初心者向けと上級者向けで区別する、という方法もあります。あるいは「詳細情報」などの、詳しい説明は別に行う、という方法もあります。

　読み手がはっきりしたら、**書き手の目的と読み手の目的（求めているもの）を確認**してみましょう。

- 書き手は「なんのために書くのか」
- 読み手は「なんのために読むのか」

　「簡潔・明快な文章」は、書き手の目的と読み手の目的が一致したときに実現します。部外者にとっては難しい文章でも、特定の人に向けて書いており、書き手の思いどおりの読み手に読んでもらっているなら、「簡潔・明快な文章」であるわけです。もちろん、この問題は、「だれが読み手か」とも関係しています。読み手と書き手の目的が食い違えば、どんなによく書かれた文章でも、その読み手にとっては「悪文」です。

　次のように考えることもできます。

- 読み手がすでに知っていることはなにか
- 読み手が知りたがっていることはなにか

　前者は、読み手の背景知識、後者は、読み手の問題意識ともいえます。読み手がすでに知っている背景知識を、文章内でくどく繰り返す必要はありません。文章には、読み手が知りたがっているはずのことを書く必要があります。

実務文章と創作文章は違う

　本書は、**実務文章を対象としており、創作文章は扱いません**。文章でよくある問題の一つは、実務文章と創作文章を混同することです。実務文章は、個性的な文章、魅力的な文章であることより、まずは分かりやすく情報を正確に伝

える文章である必要があります。

　ただし、本書で説明している文章と、本書自体に使われている文章は、性質が少し違います。この本を説明書のような実務文章として書くと、退屈で読みづらいものになってしまいます。そのため、本書自体に使われている文章は、実用性だけでなく、比喩や例のような創作的要素を取り入れて読みやすくしています。

　実務文章と創作文章の違いはなんでしょうか。一つの違いは、文章に作成者の名前が出るかどうか、ということです。自分の名前が出るということは、自分の名前での責任と義務が伴います。自分の裁量で好きなように書ける代わりに、書いた文章には自分で責任を持つ必要があります。もっとも、完成まですべて自分一人で書くブログでもない限り、出版物では書き手がまったく自由に書ける、ということはありません。

　逆に、自分の名前ではなく、会社の名前で文章を書いているなら、責任と義務は会社レベルになります。会社の名前で文章を書くときは、もはや個人の問題ではなくなってきます。自分一人で書くときは意識する必要がないことも、考慮しながら書く必要があります。会社のイメージに関わることや個人的な趣味は控えることになります。

　阿部紘久著『明快な文章』のまえがきで、阿部氏は、谷崎潤一郎の『文章読本』からの「文章に実用的と芸術的との区別はないと思います」という言葉に賛成しています。この谷崎の言葉は、文章についての本によく登場しますが、この考えには同意できません。世の中には、実用性に徹すべき実務文章で気取った表現を使っていることがあります。確かに、ヘミングウェイのように、簡潔で美しい創作文章もあります。しかし、泉鏡花、小栗虫太郎、澁澤龍彦のような文学的文体で、実務文章を書いても少しも実用的ではないでしょう。文芸作品は分かる人にだけ分かればよいように書かれています。谷崎を含め、文豪の名作を、辞書や注なしに完全に理解することは困難です。また、同じ文芸作品を読んでも、読者の感想や印象は千差万別ですし、それが文芸作品の面白さ

です。実務文章はそうはいきません。想定される範囲の読者には、だれが読んでも同じ情報を正確に伝える必要があります。文学者が書いた文章読本は、どうしても実用性から外れる点があるようです。海外出張の報告書を、三島由紀夫や村上春樹が文学的に書いたら、一編の文学作品になるでしょう。しかし、企業が必要としているのは文学作品ではなく、簡潔で正確な報告書です。

実務文章は退屈でしょうか？　確かに退屈かもしれませんが、それなりに重要です。実務文章の書き手は、バスの運転手に似ているといえます。バスを運転するときには、観光タクシーと違って、停まるはずの停留所に停まらなかったり、自分の好きなようにコースを変えたりしないはずです。お客さんがいるからです。実務文章の書き手としてのあなたにとっては、バスのお客さんが読み手です。バスの運転手の仕事は、お客さんが行きたい目的地に送り届けることです。運転手の名前は、お客さんには覚えてもらえないかもしれません。しかし、それが大切な仕事であることは確かです。重要なのは、個性を発揮して目立つことではなく、文章の依頼主と、読み手の期待に応えることです。

　極端な言い方をすると、「分かりやすさを目指すのが実務文章」であり、「難しさを目指すのが創作文章」ともいえます。実務文章にも創作性が必要なこともあります。たとえば、顧客に直接語りかける宣伝文句では、実用性や正確性よりも、インパクトが必要です。創作文章では、あえて難しい言葉や、耳慣れない言葉を使って読み手の注意を惹き、考えさせる方法があります。ビジネス書でも、「ロジカル シンキング」のようにわざわざカタカナ語を使うこともあります。もちろん、難しければ創作文章というわけではありません。ただ、優れた実務文章と優れた創作文章は、「分かりやすさ」と「難しさ」の両極にあることがあります（前述のヘミングウェイのような例もありますが）。

　本書の主な目的とは違いますが、文章に個性と独自性を出し、魅力的にするにはそれなりの方法があります。言葉の豊かさを追求したいなら、実務文章ではなく創作文章ですべきでしょう。創作文章のテクニックを実務文章に活用できる場合もあります。216ページを参照してください。

また、企業向け実務文章では、個人の技量より、整合性を保つスタイル ガイドが必要です。創作文章は、基本的にスタイル ガイドの対象外です。創作文章は、「なんでもあり」で、必ずしも特定のルールに厳密に従う必要はありません。

04 英語圏での表記の取り組み

> **この章の主なポイント**
> - 英語の表記は詳細かつ厳密に整理されている
> - アメリカでは、英語を分かりやすく書く取り組みが、50年前から政府レベルで行われている

なぜ、ここで英語の表記の話をするのか

　英語では、日本語と比較して、表記の仕組みが大幅に整理されています。これは偶然ではなく、長年にわたり、学問、出版、ジャーナリズムなどの専門分野で英語の表記についての議論が重ねられてきたからです。イギリス、アメリカのスペルの違いなどはあるものの、日本語と比較すると、英語での表記のばらつきは大幅に少ないといえます。英語圏では、ほぼ常識とされていることの例として、Mr.やMrs.のピリオドの後には、(名前の前に) スペースが入ります。また、Y. Y.のようにイニシャルを書く場合のピリオドの後にもスペースが入ります。しかし、e.g.（たとえば）、P.S.（追伸）、Ph.D.（博士）、U.S.（米国）、B.C.（紀元前）などでは最初のピリオドの後にはスペースは入りません。このような表記法の例については「英語のスタイル ガイドの例──シカゴ マニュアル」（57 ページ）で紹介します。

　日本語の文法や表記も、英語や欧米語の大きな影響を受けています。日本語に限定した表記の議論だけでは、比較対象がなく、日本語について正確に知ることが困難です。他の言語の場合を考えず、主観的な断定に陥ることもあります。英語の表記についても知ることで、日本語についてより正確に理解できるはずです。句読点、段落、「論理的に書く」、「明確に書く」という発想も、もともと日本語にはなく、ヨーロッパ語のものです。日本語は、中国語や英語の他、さまざまな言語を取り込みつつ、今も変化を続けています。純粋な日本語

などというものは、「純粋な日本人」、「純粋な日本芸術」といったものと同様に、ありえないものです。

　また、多様な移民から構成されるアメリカでは、日本とは異なる事情がいくつかあります。たとえば、アメリカでは、英語だけが話されているわけではありません。最近では特にスペイン語を話す人が増えています。アメリカでは「英語が第一言語でない人」にも、分かりやすい英語を使う必要があるわけです。アメリカの人口統計によると、2009年の時点で、家庭でスペイン語を話す5歳以上の人口は12.4％です。テキサス、ニューメキシコ、カリフォルニアなどの州では、3割近くいます。英語は、世界で多くの人に使われている言葉だからこそ、「分かりやすさ」がより強く求められているといえます。もちろん、「日本語はほとんど日本人しか使わないから、分かりにくくてもかまわない」とはいえません。

　定義、構造化文書、段落などの技術文書の作法は、英語ライティングでの「常識」に由来するものが多くあります。欧米の教育では、小学校から大学まで作文作法の練習を重ねてきています。イギリスやフランスの学校教育では、論述試験の割合が多く、非常に重視されています。文系ではもちろんですが、理系でも、説得力のあるレポートを書く作文技能が必須です。このような下積みが、将来は、研究者として論文を書く基礎となっています。日本では、そのような積み重ねが学校教育で不十分な点があります。技術には詳しくても、良い技術文書が書けない、と言われることもあります。各種のプログラミング言語はもちろん、XML、HTML、DITAなどの構造化文書の仕様は、英語的な発想に基づいています。日本語ではどうなのか考えるために、まず英語での考え方を知ることが重要です。日本でも、将来的に、論文を書ける科学者を育てるには、数学や化学ばかりでなく、国語と英語教育にこそ力を入れるべきでしょう。

　以下では、英語での表記についての取り組みの例を3つ紹介します。

VOAのSpecial English

　VOA（Voice of America）は、アメリカの海外向けの国営放送です。ニュースを中心にさまざまな番組があり、その中にSpecial English[7]と呼ばれる「分かりやすい英語」による、一連のプログラムがあります。Special Englishは、1959年から使われており、英語の非ネイティブのために、短い文と、ゆっくりした速度で読まれます。また、約1500語の基本的な語彙を使用することになっています。しかし、実際はそれほど厳しく制限しているわけではなく、基本語彙のリスト以外の言葉も使用されています。VOAに問い合わせたところ、「必要に応じてその他の語彙も使う」という回答でした。この基本語彙のリストは、ダウンロードすることができます[8]。

　ここで重要なことは、**英語では約1500語の基本的な語彙でも必要なことは十分に表現できる**、ということです。ただ、このリストには、英語をまったく知らない、小中学生の非英語話者の語彙とは、ずれがある点には注意が必要です。たとえばappleやpencilという語は含まれていませんが、antibodies（抗体）やartillery（砲、武器）いう語は含まれています。ちなみに、日本の中学生・高校生が最低限学ぶ英語語彙は約3000語です。

　ただ、基本的なコミュニケーションをするのに、英語では2000語で86.6%カバーできるのに対して、日本では2000語で70.0%しかカバーできないという研究もあります[9]。これは日本語のほうが英語より語彙が多い、ということではありません。絶対的な語彙数では、日本語より英語のほうが圧倒的に多いようです。

　Special Englishの番組内容は、社会、科学、アメリカの歴史、芸術など、多岐にわたります。ポッドキャストとして聞けるほか、番組のMP3ファイルとスクリプトも、ダウンロードできるので、Special Englishの実例は簡単に確認できます。

7　http://www.voanews.com/learningenglish/home/
8　http://www.voanews.com/learningenglish/home/wordbook/
9　沖森 卓也 編著、『日本語概説』、91 ページ

Special Englishは、作文の表記というよりは、放送・朗読向けの規則ですが、重要な点は作文の規則とも共通しています。読みやすい文章は、耳で聞いても分かりやすく、逆も同じです。「そうまでして分かりやすくする必要があるのか」と思われるかもしれません。しかし、普通の英語のニュースは、読む速度はかなり速く、またキャスターがレポーターとやりとりする場合やインタビューなど、口語表現が非常に多く含まれます。また、一度で聴き取れないからといって繰り返してはくれません。英語に自信のある人が「聴き取れている」と思っていても、あくまで主観的な感覚ですので、実際には完全に理解していないことも多いようです。「どれだけ聞き逃しているか」ということはTOEICなどのリスニング テストで客観的に計ってみるとよく分かります。TOEICのスコアは、英語能力のごく一部しか計れませんが、「自分では聴き取れている」という思い込みよりは信頼できます。要するに、**なにかを確実に伝えたければ、徹底して分かりやすくする工夫が必要**、ということです。特に実務文章では、「なるべく分かりやすく書きましょう」という、あいまいな推奨だけでは不十分で、なにも改善されません。可能な限り、不適切な語はチェック ツールで確認して修正する、という取り組みを徹底することで、文章で意思を確実に伝えられます。

　なお、VOAは、第二次世界大戦中は、アメリカ政府から見た対外向けへの宣伝の役割が主でした（日本のメディアも同じことをしていたわけですが）。現在は、政府とは一定の距離を保ちつつ、国営放送としての立場での信頼性と中立性を目指しているようです。Special Englishという道具を使うことで、アメリカの社会や文化の情報をさまざまな国に伝えるという役割を効果的に果たしているといえそうです。日本でもNHKの海外向け放送がありますが、VOAほどの浸透力はないようです。Special Englishに相当する、非日本語話者への配慮をした日本語で、日本の社会や文化を客観的に伝える番組は、今後、非常に重要ではないでしょうか。

STE（Simplified Technical English）

　STE（Simplified Technical English）は、1980年代前半から、主に欧米の航空業界で使われている英語の一種です。航空機は複雑な機械であり、整備をするときのマニュアルも大量になります。このようなマニュアルで、整備士が少しでも誤解をすると重大な事故につながります。そのため、誤解を徹底的に避ける必要性から、1980年代にSTEが作られました。STEはオープンな国際標準規格ではなく、企業の著作物であるため、自由に利用できるわけではありません。

　「制限言語」と呼ばれる、通常の言語に制限を加えた言語があります。制限言語は、ゼロから作った人工的な言語ではなく、元からある言語に対して、使える語彙の数を制限したり、文法的用法を細かく指定したりします。STEは、制限言語の一つです。STEの場合は、言語を単純化・明確化することで、コミュニケーションを確実にし、安全性を高めることを目的としています。また、制限言語は、言語教育面での利点もあります。前述のSpecial Englishも一種の制限言語と見なされることがあります。

　STEの規定はかなり厳密ですが、ある言語が制限言語かどうかの境界はあいまいなこともあります。一般の言語でも、表記規則を徹底すると、制限言語に近くなるともいえます。逆に、Special Englishは、実際にはかなり柔軟で、制限は緩いといえます。制限言語ほどの規定が必要ではない場合でも、企業や組織では、体系だった用語集で、用語管理をすることは文書の品質を向上させるために重要です。

Plain English

　Plain English（PL、Plain Language）[10]は、アメリカ政府が定めた、明快な

---

[10] http://www.plainlanguage.gov

英語のための規則です。アメリカ政府内では1970年代以前から、明快な英語の必要性が唱えられていました。その後、ニクソン、カーター、クリントンらの大統領によるいくつもの段階的な施策を経て、アメリカ政府の各部門で使われています。

　明快な文章を書くことは、法律に定められています。2010年10月に、オバマ大統領は、Plain Writing Actに署名しました。具体的には、以下のようなチェックリストがウェブサイトに掲載されています（訳は著者）[11]。

- 平均的な読み手のために書かれているか
- 読み手の必要を満たすように構成されているか
- 意味のある見出しが付けられているか
- 読み手に語りかけるようにyouとその他の代名詞を使っているか
- 能動態を使っているか
- 項と文は短くしているか
- 可能な限り、単純な時制を使っているか（単純現在がもっとも望ましい）
- 名詞化（隠れた動詞）ではなく、動詞の基本形を使っているか
- 過剰な言葉を削っているか
- 具体的な、よく知られた言葉を使っているか
- 要件を表すときはmustを使っているか。あいまいな言葉であるshallを避けているか
- 熟慮して言葉を配置しているか（主語、動詞、目的語が大きく離れないようにする。例外を最後にする。修飾語を適切に配置する）
- 複雑な題材を単純化するためにリストと表を使っているか
- 2あるいは3以上の段階の従属節を使っていないか

11　http://www.plainlanguage.gov/howto/quickreference/checklist.cfm

これは、非英語話者向けではなく、英語圏で英作文の教育を受けた人が対象ですが、一般原則としてはどれも実用的で汎用性があります。「語りかけるようにyouを使う」といった点は英語という言語固有の要件で、日本語ではそのままは当てはまりません。しかし、ほとんどのポイントは日本語にも応用できます。

　日本語では、法律分野では「〜するものとする」（〜することとする）という表現があり、「緩やかな義務」というニュアンスがあるようです。以下は、高等学校学習指導要領の例ですが、どの程度の義務なのか、あいまいな点があります。

×ホームルーム活動の授業時数については，原則として，年間35単位時間以上とするものとする。

　法令用語日英標準対訳辞書[12]では、「〜するものとする」の訳語はshallとされています。上記の、「shallを避けてmustを使うべき」というポイントは、興味深いといえます。

　実際に、アメリカの政府の文章を読んでみると、必ずしも常に明快とはいえませんが、このような取り組みは評価できます。「言語明瞭、意味不明瞭」な日本の政治家や役人も、明瞭な日本語を話し、書くようになれば、生活がもっとよくなると思いませんか？

12　http://www.japaneselawtranslation.go.jp/dict/download?re=01

05 スタイル ガイドとは

> **この章の主なポイント**
> - スタイル ガイドとは、企業や組織で文書を作成するときの表記基準
> - スタイル ガイドを標準化すると、労力や費用を減らせる
> - スタイル ガイドと用語集は、密接に関連している
> - 出版社とテクニカル ライティングでは、表記基準は異なる

なぜ実務文章にルールが必要なのか

　実務文章をルールに基づいて書くと、書き手と読み手の双方に利点があります。文章は、文字という細かい部品でできています。たとえば本書は約173000字あります。一つ一つの注意点は細かいことのように見えても、積み重なると大きな違いになります。

　オンラインで楽曲を購入しようとしたとき、アーティストの名前や曲の表記が複数あって、目的の曲がうまく見つけられないことはありませんか？　以下は同じ歌手の名前ですが、すべてについて検索しないと、目的の曲が見つからないかもしれません。

- 宇多田ヒカル
- ウタダヒカル
- Utada Hikaru
- Ｕｔａｄａ　Ｈｉｋａｒｕ

　これでは、買う側も困りますし、売る側も困ります。もちろん、楽曲購入はほんの一例で、オンラインで買い物をする場合、似たような事例は数多くあります。

　また、製品名の表記が問題になることもあります。私の経験では、英語の製

品名ではRapid Storageという名前の製品について、製造者の日本語サイトで検索しても必要な情報が出てきませんでした。パソコンの重要な設定に関わることなので、徹底的に探したいとします。調べてみると、日本語での製品名は「ラピッド・ストレージ」となっていました。これでは、"Rapid Storage"、「ラピッド・ストレージ」、「ラピッドストレージ」、「ラピッド ストレージ」の、最低でも4通りの検索を試さないと、探している情報が出てきません。最新の情報がうまく見つからず、古い誤った情報に基づいて操作すると、パソコンが壊れてしまうこともあります。Googleの検索では、このような言語の違いもある程度同義語と見なして検索できますが、そこまでの機能は他の検索システムではなかなかありません。

　また、短いつぶやきを投稿するTwitterでは、「ハッシュ タグ」と呼ばれるキーワードを付けて、つぶやくことができます。特定のハッシュ タグを探せば、自分に関心のある情報を探せます。「#日本語」のように、最近は、日本語も使えるようになりました。しかし、このハッシュ タグがばらばらの表記だと、やはり何通りも試す必要があります。

　ひらがな、カタカナ、漢字、ローマ字など、表記方法が多様なことは、日本語のユニークな特性です。しかし、実務文章では、特定の規則に基づかずに書くと、書いた本人にはすぐに分からないさまざまな問題が生じます。表記の不統一から来る、このような問題は、数値化しにくく、なかなか表面化しないため、隠れたコストの原因になります。また、日本語から多言語への自動翻訳はなかなかうまくいきませんが、表記の不統一はその理由の一つです。

［ スタイル ガイドとは──表記の統一の大切さ

　スタイル ガイドとは、企業や組織で文書を作成するときの表記基準、表記の規則です。具体的な規則としては、文体、書式、送りがな、カタカナの表記、句読点などの記号（約物）、全角・半角の指定などがあります。また、表記以

外にも、簡潔、明快に書くための規則や注意点が含まれます。企業は顧客に対して、政府は国民に対して、明確な文章を書き、分かりやすい説明をする義務と責任があります。この義務と責任を果たすためには、企業や組織内の実務文章について、スタイル ガイド（表記基準）の採用、用語集の制定、文章のチェックと評価、文書作成講習などを体系的に行う必要があります。

企業や組織の文書では、複数の人間が制作に関わるため、全員が同じ表記のルールに基づいて、一貫した表記で書く必要があります。一人が「インターフェイス」という表記を使い、他の人が「インタフェース」という違う表記を使うと、統一感がありません。文中に出てくるだけでは、気づかないことがあります。しかし、前項のように、電子文書では、表記の統一ができていれば、データベース、オンライン マニュアル、技術サポート、ヘルプなどで、読者が特定の語を検索しやすくなります。また、ウェブ上に掲載された文書を検索エンジンが見つけやすくすることを、「SEO（検索エンジン最適化）」といいますが、スタイル ガイドはこのような観点からも役立ちます。学会に提出する論文では、引用文献の形式などを特に厳密に定めています。

社内文書でも文書作成の決まり事はありますが、スタイル ガイドは特に社外向け、顧客向けの文書で重要になります。具体的には、ニュース リリースやウェブサイト、製品の説明書などの制作や翻訳で使われます。新聞や雑誌などの出版物でも文書作成の決まり事があります。もし表記がばらついている場合には、編集者が統一する必要があります。この統一の作業を、**コピー エディット**といいます。日本の出版物では、英語圏の出版物と比較して、コピー エディットの習慣が根付いていないことがあります。また、出版物制作の予算と期間の制約から、コピー エディットが困難な場合があります。コピー エディットが十分にされていないと、表記がばらばらで一貫性がなくなり、読みにくくなったり、読み手が誤解したりする危険が出てきます。コピー エディットの手間を最小限にするには、スタイル ガイドを定め、それに従って書くことが効果的です。

［スタイル ガイドを標準化する利点

　本書で説明する「実務日本語」は、実務文章での日本語表記基準を収束させる提案です。日本語のスタイル ガイドを収束させ、標準化する利点とはなんでしょうか。単一のスタイル ガイドに表記を収束できれば、ミスを減らせます。また、複数のスタイル ガイドに合わせる手間や学習の労力や費用を減らせます。

　英語では、シカゴ マニュアル、MLA（Modern Language Association）、APA（American Psychological Association）、シカゴ マニュアルを元にしたTurabianなどの、厳密で詳細なスタイル ガイドが定められています。現状の日本語では、企業や組織、業界ごとに表記基準がばらばらです。また、企業によっては、スタイル ガイドをまったく使用していないことや、他社のスタイル ガイドを無断で借用していることがあります。DTPでのフォントの種類や字間には徹底してこだわる企業でも、表記や用語の統一には驚くほど無頓着です。表記に規則性がないと、読み手も書き手も苦労します。書き手は書くときに「どの方法が良いのか」そのつど迷います。もし書かれた文章に規則性がなければ、読み手が混乱します。表現に違いがあると、その違いに意味があるのかと考えてしまいます。スムーズに読めないだけならまだしも、真意を誤解することがあります。また、企業が買収や合併をしたとき、複数の表記基準が混在することになります。実際に、合併の結果、ウェブサイトの表記がぐちゃぐちゃになっている企業もあります。こうなると、見栄えが悪いだけでなく、顧客が技術情報や製品情報をうまく検索できません。

　スタイル ガイドを標準化すれば、文書作成の関係者全員に利点があります。他社の文章を扱う翻訳者やチェッカーは、スタイル ガイドを企業ごとに切り替える手間が省け、表記に迷うことがなくなります。文書の最終的な読者は、表記が一貫していれば、文書を理解しやすくなります。

もちろん、スタイル ガイドの標準化は簡単ではありません。独自のスタイル ガイドを持つ大企業は、自社の作成したルールを変えようとはしません。しかし、現時点で、まだ自社のスタイル ガイドを持っていない企業は、標準化されたスタイル ガイドを採用すれば、自社でスタイル ガイドを定める労力が不要になります。翻訳やウェブ構築など、文書を扱う業務を請け負う企業があるとします。このとき、発注元の文書が、顧客企業独自ではなく標準スタイル ガイドに沿っている場合、3%程度の料金の割引をしてはどうでしょうか。実際のコスト削減は、それ以上になりますし、標準スタイル ガイドの普及を促進できます。標準スタイル ガイドが普及すれば、企業ごとに合わせてチェックする労力と時間を大幅に減らせます。企業独自のスタイル ガイドが乱立する悪循環から抜け出し、表記統一にかける手間を減らせる良循環に入ることができます。

　日本翻訳連盟（JTF）は、翻訳会社と翻訳者から主に構成される組織ですが、ここでも「標準日本語スタイルガイド（翻訳用）」[13]を検討中です。これは、日本語に翻訳した文章を対象とするスタイル ガイドです。2012年1月には、正式版が公開される予定です。私は、このスタイル ガイド委員会の委員も務めています。

［スタイル ガイドと用語集の関係

企業や組織で使われるスタイル ガイドと用語集は、密接に関連しています。用語集は、スタイル ガイドで定められた表記規則に沿った、具体的な表記が明記されていることがあります。逆に、スタイル ガイドで使われている用語は、用語集で定義されているのが理想的です。

　原則的に、スタイル ガイドと用語集は、互いに矛盾があってはいけません。しかし、実際には矛盾点が見つかることがあります。たとえば、スタイル ガイドでは「音引きは省略しない」と決まっているのに、用語集では「セキュリ

---

13 http://www.jtf.jp/jp/style_guide/styleguide_top.html

ティ」となっている場合です。「音引きは省略しない」ことを徹底すれば、「セキュリティー」と書くはずです。文書の作成者としてこのような状況に遭遇したら、スタイル ガイドおよび用語集の管理者に報告する仕組みが必要です。

　残念ながら、スタイル ガイドだけでなく、企業や自治体などでは用語集がそもそも整備されていないことが多いようです。用語集の重要性については、「用語集」（221 ページ）を参照してください。

英語のスタイル ガイドの例——シカゴ マニュアル

　ここで、英語のスタイル ガイドの例を一つ挙げます。アメリカでは、スタイル ガイドとしてThe Chicago Manual of Style、通称「**シカゴ マニュアル**」が有名です。シカゴ大学出版が1906年に最初に出版し、改訂を重ねています。シカゴ マニュアルは、大学での論文をはじめとして、学会誌、専門誌、ニュースレター、ウェブサイトなどで広く使われているスタイル ガイドの一つです。

　シカゴ マニュアルで定められた表記規則では、たとえば書名で、The Chicago Manual Of Styleのようには書きません。このofは前置詞ですが、題名などで語頭を大文字にする場合でも、前置詞や冠詞は小文字で書きます。この規則は見た目の美しさの問題ですが、たったこれだけで書き手の教養が推し量られます。また、シカゴ マニュアルは英語の規則ですが、日本語でもそのまま適用できる規則もあります。そうでない場合は、同等の規則が必要になることがあります。たとえば、シカゴ マニュアルでは、The Chicago Manual of Styleのように、書籍の題名は斜体で表します。日本語の文字は斜体にはしないので、日本語での同等の規則としては、著作物の題名を、二重カギカッコ（『』）でくくって表すのが一般的です。

　Wordでは、引用文献のスタイルを、シカゴ マニュアルなどのスタイル ガイドに合わせることができます。**図3**（次ページ）は、Word 2010での、引用文献のスタイルの種類を示しています。「Chicago第15版」とは、シカゴ マニュ

アルの第15版のことです。スタイル ガイドには、引用文献以外にも多数の項目がありますが、それらに適合しているかをチェックする機能はWordにはありません。また、この機能は、英語が基本です。日本語やその他の言語に切り替える設定もありますが、日本語では、標準的な引用文献形式がそもそもないので、この機能は役立ちません。ここではスタイル ガイドと引用文献の関わりの例としてこの機能に触れましたが、Wordの引用文献機能で英語文献を管理するには、実際にそれぞれのスタイル ガイドを参照したほうがよいでしょう。

図3 | Word 2010での引用文献のスタイル

シカゴ マニュアルでは、文献の引用をはじめとして、表記方法について細かく定められています。2010年に出たシカゴ マニュアルの最新版、第16版では、電子文書への対応が増え、1026ページあります。日本では、表記ガイドはあっても、ここまで細かく書かれている本はありません。「細かく決まっているのは面倒」と思われるかもしれませんが、実際はむしろ逆です。どう表記すべきか迷うときに、**特定の規則がすでにあれば、それに統一することで、迷**

わなくて済むからです。このような規則がないと、どの表記ならうまくいくか、自分で長時間、試行錯誤することになります。そのうえ、後で、ある表記を使うと問題が起きると分かれば、最初に戻ってすべてチェックし、やり直すことになります。表記規則がない場合に、見栄えの統一にどれほど手間がかかるかは、やったことがある人にしか分からないかもしれません。

　シカゴ マニュアルのウェブサイト[14]では、読者にエディターが答えるQ&Aコーナーがあり、定期的に更新されています。いずれもウィットの効いた回答がされており、英語圏の表記でなにが問題か、という点についておおいに参考になります。なお、英作文をする方がシカゴ マニュアルを実際に使われる場合は、書籍版を購入するよりシカゴ マニュアルのウェブサイトの有料検索サービスを利用するほうが検索しやすくて便利かもしれません。

　なぜ、シカゴ マニュアルでは、参考文献の引用法や、文献目録が重視されているのでしょうか。正確に引用することは、引用する相手を尊重し、敬意を示す作法でもあります。また正確に引用することで、伝言ゲームのように情報が変わっていくことを防ぐ目的もあります。また正しい方法で引用をしないと、剽窃、つまり文章泥棒という犯罪行為になりかねません。先行研究を踏まえたうえで自分の研究成果を積み重ねることが学問の進化であるわけです。ただ、シカゴ マニュアルは本来厳密性を重んじる学術向きであるため、より実用的な用途では補完や修正が必要な点もあるかもしれません。たとえば、シカゴ マニュアルでは、ダブル クオーテーション（二重引用符）は""の形で、開く形と閉じる形がペアになった記号（「スマート クオート」とも呼ばれます）が正式とされています。本書でも、この記号を使用しています。しかし、実際の電子文書では対応関係をチェックする手間が増えるため、" "のように開く形と閉じる形を同じにするほうが実用的です。

　シカゴ マニュアルに関して、日本人が参考になるのは、「英語圏では表記方法が厳密に決められ、守られている」ということです。53ページでも触れたように、日本では、文章の表記を統一して読みやすくする「コピー エディット」

14　http://www.chicagomanualofstyle.org/

という考えが欧米に比べて弱いといえます。すべてを一人で完成させる文書はともかく、企業で使う文書では、執筆者が複数いることが普通です。このような共同作業の場合は、表記がばらばらだと見栄えが良くないだけでなく、読者が混乱します。もちろん、日本の企業でもスタイル ガイドを定めていることがありますが、考え抜かれたものとはいえず、慣例を引きずっているだけのこともあります。スタイル ガイドがないか、もしあっても使われずに、表記がまったく統一されていないこともしばしばあります。日本語は、ひらがな、カタカナ、漢字、ローマ字など、表記方法が多様というのも一因でしょう。しかし、日本では大学の段階で、日本語の書き方について真剣に考える機会が少ないようです。日本語の表記については、無神経と思われる場合もしばしば見受けます。特にウェブサイトでは、有名企業でもおかしな日本語、分かりにくい日本語、読みにくい日本語があふれています。テクニカル ライターのように訓練を受けた書き手も多いとはいえません。「日本語を大切に」という声はよく聞かれ、日本語の本は多くありますが、表記は軽視されていることもあります。実用的な表記について、さまざまな点から考え直してみる必要がありそうです。

出版社や新聞社の表記規則

　前項では英語の表記規則を紹介しましたが、次に日本語の表記規則について考えてみましょう。日本語の表記規則には、さまざまなものがありますが、「どの程度厳密か」という観点から分類できます。大きく分けて、「出版社や新聞社の表記規則」と「テクニカル ライティングの表記規則」の2種類あるようです。出版社や新聞社の表記規則は、社内のみで使われている基準もありますが、たとえば共同通信社の『記者ハンドブック』などは書籍として入手できます。これらの規則は、多くの例外を許容し、かなり緩いといえます。どれだけ緩いかというと、中黒（中点）の場合では以下のように定められています。

「外来語、外国の地名（朝鮮、中国を除く）で、長くて判読しにくいものや、固有名詞と普通名詞からなる語には中点を入れる。」[15]

また、その後に以下の注があります。

「〔注〕外国の地名は原則として中点を入れない。」

この「長くて判読しにくいもの」という判断基準は、厳密とはほど遠いといえます。以下の例で、「長くて判読しにくいもの」がどれか、と聞かれると、必ず答えは人によって異なるはずです。

- 「ココアアイスクリーム」と「ココア・アイス・クリーム」
- 「グラフィカルユーザーインターフェイス」と「グラフィカル・ユーザー・インターフェイス」
- 「ドライデオドラントメッシュクルーネック」と「ドライ・デオドラント・メッシュ・クルーネック」
- 「ニューサウスウェールズ」と「ニュー・サウス・ウェールズ」

これでは、人の主観によって、中黒を付ける人と付けない人がいるでしょう。寿司屋に行って「わさびが付いてくることもあります」と言われたらどうでしょうか。付けるのか、付けないのか、はっきりしてほしいところです。なぜ基準が緩いかというと、出版社や新聞社では幅広い内容を扱う必要があり、創作的な要素も含まれること、著者の意向も尊重する必要があること、などの理由が考えられます。また、コンテンツの再利用を考えなければ、機械的に厳密に統一する必要がない、ということでもあります。しかし、電子文書で翻訳や検索などの再利用をする場合は、厳密に表記を統一したほうが正確に、効率よく行えます。

英語の場合は、「出版の英語」は、シカゴ マニュアルのような非常に厳密な「学問の英語」をベースにしています。そのため、出版物の表記規則も、かな

---

15 共同通信社、『記者ハンドブック』、第8版、80ページ

り厳密です。日本では、「学問の日本語」に相当する標準的な表記規則がありません。そのため「出版の日本語」の基礎がなく、だいたいの決まりがあるだけです。

テクニカル ライティングの表記規則

　出版社や新聞社の表記規則と比較して、テクニカル ライティングの表記規則、特に企業が内部的に定めているスタイル ガイドは、より厳密なことがあります。中黒を付けるか付けないか、半角と全角のどちらを使うか、といったことが、一貫して決められています（中黒についての詳細は136ページを参照）。技術文書では、読み手に正確に伝えることが重要だからです。しかし、各種の専門業界全体で、表記規則が統一されているとはいえません。これは、英語と違い、「日本語を使うのがほとんど日本人だけ」だからです。これは当たり前のように聞こえるかもしれませんが、英語は、学会発表などの論文や技術文書などをはじめとして、「英語の非ネイティブ」によって書かれることが非常に多い言語です。このため、英語では、表記規則について積極的に議論されてきたという面があります。

　また、出版や新聞の表記規則が緩い理由の一つは、これまでチェックを人力に頼ってきたということです。私のような実務翻訳者は、いくつもの校正ツールを使って校正をするため、目で読んだだけでは分からない間違いも短時間で簡単に見つけられます。また、日本語ルールがあいまいなもう一つの理由は、紙の印刷物では間違いが見つけにくく、少なくともこれまでは厳密に統一する理由がなかった、ということです。これからは違います。電子文書では、再利用することが前提になり、また自動的に処理して翻訳などで活用されます。そのような場合に、ルールがあいまいだと余計な費用や時間がかかってしまいます。

　本書で説明する実務日本語は、厳密な規則から出発していますが、ある程度

の柔軟性を持たせています。また、ただ厳密なだけでなく、**厳密かつシンプルな規則**であることを重視しています。厳しくて複雑な規則ではだれも幸せになりません。一方、あまりに緩い規則では、複雑か単純かに関わらず、例外が多すぎて使いにくく、規則の意味がなくなります。

06 IT時代の表記法
電子文書の利点を活かす

> **この章の主なポイント**
> - 電子文書には、検索、再利用、共有など、紙文書にはない特性がある
> - 電子文書の特性を最大限に活かすには、表記法をしっかり統一する
> - だれにでも使いやすいユニバーサル デザインの日本語が必要
> - 【内離ルール】電子文書では、内容とレイアウトを分離する

電子文書とは

　この章では、電子文書の利点を活かすために、より具体的な表記のポイントについて見ていきます。本書で扱う電子文書とは、パソコンやさまざまな電子機器で作成・表示される文書のことです。ふだんはあまり意識していないかもしれませんが、企業で使われる文書の多くは電子文書です。

　電子文書には、さまざまなファイル形式があります。一般的なものには、テキスト形式、HTML、XML、PDF、またMicrosoft Word、Excel、PowerPointのMicrosoft Office文書、そしてそれらの互換形式などがあります。これらには、それぞれ特定の用途と、長所と短所があります。電子文書は、表計算、画像、その他のデータを指すこともありますが、ここでは、文章が主体のものを「電子文書」とします。

紙媒体の問題点

　電子文書の特性について考えるためにまず、主に編集に関わる紙媒体の問題を整理してみましょう。

　配布しにくい・共有できない……回覧でもしないと、1つの文書を、多人数と共有できません。多くの人に配信するには、人数分を印刷し、さらに送付する時間と費用がかかります。また、紙そのものの購入、保管、整理などにも費

用がかかります。

　共同制作しにくい……紙では、1つの文書を1人が作成します。他人が関わることもできますが、特に、離れた場所にいる人とやりとりするには、時間、手間、輸送コストがかかります。それを避けようとして、1人の人間に負担を集中させることもあります。

　再利用しにくい……一度使った文書を、他の形式で再利用するには、最初から書き直す必要があり、似た内容を何度も書き直すことになります。一度書いた内容は簡単に訂正できません。これは、場合によっては利点にもなります。

　検索ができない……長い文書、大量の文書の中から自分の関心があるキーワードを見つけるには、大変な手間と労力がかかります。よほど根気がないと、特定のキーワードを探すことは断念せざるを得ません。

　翻訳しにくい……紙の上で手作業により翻訳をすると、びっくりするくらいの費用がかかります。翻訳する側にも、手間と労力がかかるのでやむを得ません。

　校正しにくい……紙を目で見てチェックするだけでは、丁寧に読んでも、文書の問題点を見つけられず、見過ごすことがあります。時間と費用もかかります。

　電子文書を使っていても、その活用が中途半端であれば、紙媒体と同じような状況になります。

　以上の編集面での問題の他にも、紙媒体には以下のような問題があります。

- 読んですぐ捨てるような場合は資源の無駄になる
- 機密保持しにくい

　もちろん、紙にも優れた点は多数あります。しかし、実務文章が使われるビジネスや行政では、費用と時間の削減は常に求められています。銀行や納税で、手続き上、紙のやりとりしかできず、簡単な手続きに何カ月もかかってうんざりしたことはありませんか？　2004年に電子文書法（e-文書法）が制定され、

以前は紙で保存する義務があった文書も、電子文書として保存できるようになりました。紙の文書のみが使われる場面もありますが、今後は、そういった場面でも電子文書がますます使われるようになるでしょう。

電子文書の利点——共有、再利用、検索……

電子文書の表記方法は、紙の印刷物とほとんど同じです。しかし、電子文書には、紙の印刷物では不可能な、さまざまな利点があります。その利点を活かすには、電子文書用に適した表記をする必要があります。従来、紙媒体では問題とならなかった点でも、電子文書を有効に再利用するときの大きな妨げとなります。

以下は、紙と比較したときの、電子文書のさまざまな利点の例です。

配布・共有しやすい……文書を、何人もの人に対して、ウェブや電子メールで一斉に送信して、短時間で配布・共有できます。たとえば、本書の紙原稿を宅配便で送ると、1回で費用は700円かかり、着くまで十数時間かかります。電子メールで送ると、費用は無料、着くまで数分しかかかりません。

共同制作しやすい……同一の文書を、複数人数が編集できます。コラボレーションと呼ばれることもあります。作成者たちが同じ場所にいる必要はなく、東京とボストンにいる人たちがメールをやりとりして同じ文書を編集することもできます。長い文書でも作業分担をして、短期間で完成できます。

再利用しやすい……ここでの再利用とは、文章を繰り返し利用することで、広い意味では、検索、翻訳、引用、リツイート（Twitterでの他人の発言の引用）などが含まれます。一度使った文書を、そのままもう一度利用するか、改訂したり、他の文書の一部として含めたりして、別の形で再利用できます。似た内容を何度も書き直さずに済みます。文章を上手に再利用することは、効率がよいという以上に、文章を練り直し、より良い文章にする絶好の機会となります。再利用できるように、自分の書いた文章を整理、管理しておくと、後で非常に大きな力になります。これは手抜きとは正反対です。もちろん、ある文書を再

利用するときに読み手や目的が変わる場合は、文書を修正する必要があります。場合によっては、再利用するのが難しいこともあります。

　検索しやすい……特定の言葉を検索することで、長い文書や、大量の文書の中から自分の関心があるトピックを一瞬で見つけられます。

　翻訳しやすい……体系的な翻訳手法、自動翻訳など、高度な翻訳技術を使うことで、低コストで翻訳できます。

　校正しやすい……ツールを使って、文書の問題点をすばやく見つけて修正できます。

　電子文書の注意点としては、誤って削除しないよう、バックアップをする必要があることです。

　パソコンのモニターでは電子文書は読みにくい、ということもよく指摘されますが、これは先入観に基づいていることもあります。昔はちらつきの多いCRTモニターもありましたが、最近の液晶ではちらつきはほとんどありません。また、モニターの明るさ（輝度）とコントラストの調整をしていないので見づらいこともあります。ほとんどのモニターでは明るすぎる設定になっているので、長時間の作業では目が疲れます。説明書を読んで、明るさを下げ、必要に応じてコントラストを調整すると、見違えるほど見やすくできます。むしろ、文字の大きさや色を読みやすく調整できるのは、電子文書ならではです。また、近年普及し始めた、KindleやSony Readerのような、電子インクを使う電子書籍端末では、紙に非常に近い見え方になります。

　ここまで挙げてきた電子文書の利点は、ふだんの仕事や生活で意識せずに使っているはずです。自分が文書を作成する立場なら、いくつかの点に気をつけて表記することで、このような利点を最大限に活かせます。

リアルタイム同時編集

　紙の文章では、他の人が手を加える場合、原稿を物理的に渡す必要がありました。しかし、IT技術の発達により、ワープロ文書では、複数の文書作成者

が同じ文書を簡単に同時編集できるようになりました。つまり、複数人数からなるグループによる「文章の共同執筆」が行われるようになりました。これを、**「リアルタイム同時編集」**と呼びます。これは、さまざまな場所ですでに使われていますが、今後の便利な文書編集の方向性の一つです。ネットワーク上に最新版の文書を常に一つだけ持っていれば、どれが最新版か迷うことはありません。

　Excelで同時編集する「ブックの共有」機能は、比較的、広く使われています。Excelでは、セル単位で編集するため、「だれがどのセルで編集しているか」ということさえ区別できれば、共有の仕組みは簡単に実現できます。実際、12年以上前に発売されたExcel 2000の時点でこの機能はありました。しかし、Wordなどの文書では、セルのような明確な区切りがありません。そのためか、Word 2010で、ようやく文書の同時編集ができるようになりました。

　Googleドキュメント[16]は、無料でワープロや表計算が使用できるオンライン上のサービスで、リアルタイム同時編集も可能です。Googleドキュメントでの共同制作の具体的な例として、私は、アジア太平洋機械翻訳協会という組織で、用語集の仕様や学会発表用の論文を共同執筆・翻訳したとき、他の共同執筆者とともに作業しました。Googleドキュメントは、Wordと比較すると、ワープロとしての機能は基本的なものしかありません。レイアウトや使えるフォントの種類も限られています。しかし、WindowsやMacなどのOSに関係なく、無料で使用でき、リアルタイム同時編集ができるなどの利点があります。

　リアルタイム同時編集をしない場合は、たとえばWord文書をメールで添付して、修正をやりとりすることになります。何度もやりとりしているうちに、メールの添付ファイルでは、どれが最新版かよく分からなくなることもあります。また、一人が文書を編集中は、他の人は同じ文書を編集できません。たとえば、私が編集者に文書を送り、コメントを付けていただくよう依頼した場合、そのコメントが返ってくるまで、私はその文書を編集できません。このように、文書が編集できない状態は、「ロックされた」状態ともいえます。私は、同じ

---

16 http://docs.google.com/

文書のコピーを編集することもできますが、そうすると、後で編集箇所を一つにまとめる手間がかかります。この場合、編集箇所を手作業で見つけて、反映することになります。編集箇所が多いと確認が大変です。
　複数人数で、同じ文書を共同執筆する場合も似たようなことになります。この場合、一つの文書がある程度完成してから、他の人が執筆します。一人の執筆が終わらないと次の人の作業ができず、その間は工程が止まります。人数が増えると、かかる時間が飛躍的に増えます。
　複数人数で文書を共有する場合、企業の文書管理システムでは、チェック アウト、チェック インという仕組みを使うこともあります。チェック アウトとは、だれかがある文書を編集したいとき、その人が「その文書を今、編集していますよ」ということを示す手続きです。チェック インは、編集が終わった後で、「他の人がその文書が編集できますよ」ということを示します。チェック インされれば、また他の人がチェック アウトして、編集できます。こうすれば、複数の人が同じ文書を同時に変更して、2つの版ができてしまうことを防げます。しかし、リアルタイム同時編集と異なり、同時に編集することはできません。リアルタイム同時編集では、文書がロックされた状態にならず、常に編集可能です。
　複数人数が**リアルタイム同時編集する場合、表記統一や用語集は、従来の方法以上に重要**になります。逆に言えば、表記統一や用語集に基づいて、リアルタイム同時編集をすれば、個人が個別に作業する無駄を減らし、各人の知識を持ち寄って、充実した文書コンテンツを短時間で作成できます。
　リアルタイム同時編集は、新しい文書作成の方法であるため、いくつかの課題もあります。複数の作成者のうちのだれでも、いつでも同時に編集できますが、「だれが主導権を握るのか」ということが問題になることもあります。また、ある人が追加した箇所を他の人が削除し、また最初の人が追加する……といった衝突、いわゆる「編集合戦」が起きることもあります。Wikipediaも、リアルタイム同時編集の一種ですが、同一企業やチームに属するという一体感

がなく、作成者がまったくの不特定多数です。そのため、目的や価値観が大きく異なり、激しい編集合戦になることがあります。同一企業内やチームでは、目的を整理し、文書コンテンツの充実を促進する「ファシリテーター」という役割を設けることで、より建設的な知識共有ができます。リアルタイム同時編集の利点を活かすためには、実際の作業で使い方に慣れ、どのように使用すべきかを今後も模索していく必要があるでしょう。

電子文書時代のスタイル ガイド

表記の基準は、たとえば英語では、45ページで紹介したように伝統的にしっかりした決まり事があります。日本語では、企業、団体、業界などによって文書作成の決まり事は大きなばらつきがあります。また、使われているスタイル ガイドには古い時代の問題点を引きずっているものもあります。ここでは、電子文書の時代に即した、新しい日本語のスタイル ガイドはどのようなものか考えてみましょう。これからのスタイル ガイドを考えるにあたって、以下のようないくつかの基本的なポイントがあります。

- 一貫性を持たせ、シンプルにする
- 根拠を示し、合理性に基づく
- 利便性をバランスよく考える
- 自然である

以下で、上記のポイントについて順番に見ていきます。

一貫性を持たせ、シンプルにする

実務的な表記規則は、一貫性を持たせ、シンプルにすることが必要です。送りがなや中黒などについて、例外の多い複雑な規則を決めても、実際には覚え

にくく、守るのが困難です。守れない規則なら、あっても意味がありません。
　複雑な規則は、厳密に守っても、労力のわりには利点がないこともあります。表記規則の利点は、読み手にとって読みやすくするとともに、大量の文書を複数の人間が編集するときの労力を減らせるということです。明確な利点があり、労力を減らせるから規則を作っているわけなので、労力と利点のバランスをとる必要があります。ツールでチェックしやすい規則はなにか、ということも考慮する必要があります。そのためには、使い分けの根拠を、勘や経験に基づいてではなく、合理的に示すことも必要です。
　「オッカムのかみそり」という言葉があります。簡単に説明ができる場合に、不必要に複雑な説明は持ち出さない、という合理的な考え方です。ミステリー小説をオッカムのかみそりに当てると、「ありえない偶然の連続」ということになってしまいます。しかし、実務文章では、シンプルな考え方が実際的です。表記規則でも、単純な規則で済ませられる利益が、複雑な規則を使い続ける不利益を上回ることがあります。
　表記規則での例外は、互いに矛盾しないように一貫性を持たせ、必要最低限にとどめる必要があります。「場合によって使い分ける」ことは必要なこともあります。しかし、なにもかも「場合によって使い分ける」では、規則がないのと同じです。例外ばかりだと、そもそも規則を作る意味がありません。
　表記規則は、最低でも同一文書内で一貫している必要があります。文書の特性によっては、基本的な表記基準からずれることが必要な場合もあります。たとえば、顧客向けの宣伝用文書と、社内向け技術文書では、異なる表記を使うこともあります。また「どちらでもよい」規則もあります。このような場合でも、最低限、同じ文書内で表記規則が一貫していれば、読み手は混乱せずに済みます。もちろん、望ましいのは、より上のレベル、つまり組織内でのすべての文書の規則が可能な限り一貫していることです。さらによいのは、同一の業界内で表記が一貫して使われるようになれば、混乱を減らすことができ、電子文書の検索・再利用などの特性を最大限に活用できます。表記の統一は、なか

なか現実には進んでいませんが、適切な表記が定着すれば、確実に意思疎通ができるようになります。

現実的には、「表記をチェックする時間と費用がない」のが、不統一の理由でしょう。これは、表記をチェックするツール（234ページを参照）を使えば、解決できる問題です。

根拠を示し、合理性に基づく

表記の選択肢が複数ある場合は、可能な限り合理的理由に基づいて、どれか一つの表記に決めるべきです。これはシンプルにするということとも関係しています。既存の多くの表記規則の問題点は、「ある表記法が他よりなぜ良いのか、理由を合理的に示していない」ということです。これでは客観的に比較できないので、いくつもの規則が乱立することになります。確かに、すべての要件を満たす万能の表記法はありません。条件Aを満たすようにすると条件Bは守れない、ということはあります。たとえば、「ホームネットワークビデオプレーヤー」のように中黒がないとカタカナ語の区切りが分かりづらいが、「ホーム・ネットワーク・ビデオ・プレーヤー」のように必ず入れると目障り、ということがあります。それでも、表記統一による実際的な利点が客観的に理解できれば、表記の統一をすることで、文書の書き手と読み手の双方に利点があります。

表記の問題はさまざまな種類がありますが、種類によっては、出現回数に大きな差があることがあります。つまり、影響が大きい問題とそうでない問題があるため、優先順位を考える必要があります。「混じる」と「交じる」のような個々の漢字の使い分けに気をとられて、カッコなどの記号や音引きなどの表記がおろそかになることがあります。本書の173000字中、「混じ」の出現回数は5回であるのに対して、カタカナ語の音引きの出現回数は約280回です。

さらに、出現回数に加えて、「実質的な問題を起こすか」という観点もあります。以下のどれかに当てはまる表記を**「問題表記」**と呼ぶことにします。

- 意味を誤解する可能性がある
- スムーズに読めず、読むのに時間がかかる
- 文章の検索、共有、再利用の障害になる

問題表記以外の表記の問題を、放置してよいわけではありません。しかし、実務文章では、問題表記がどれかを区別し、優先して解決する必要があります。

利便性をバランスよく考える

表記規則では、読み手、書き手、チェッカー、再利用者にとっての利便性をバランスよく考える必要があります。これらの文書に関わる人々の利益は、相互に関係しています。たとえば、読み手にとって読みやすい文書は、その文書を再利用する人にとっても助かります。書きやすい表記方法が、読みにくい表記方法であることもあります。しかし、読み手にきちんと読んでもらえない文書は、書き手にとっての不利益であることは確かです。

自然である

表記を統一する場合でも、文章や文のレベルで、目に付く不自然さがない表記にする必要があります。これは主観的な基準ではありますが、一読して分かるほど目立つような不自然さがあるようでは読み手に違和感を与えます。表記規則は、あまりに機械的に当てはめても、不自然な文章になります。たとえば、日本語と欧文が混在する場合に、どちらかの表記規則を機械的に当てはめると不自然です。ただ、緩すぎる表記規則では無意味なので、さまざまな分野や状況、文脈にも対応できる条件を表記規則として選ぶことになります。

また、文章が不自然になる理由には、「てにをは」などの文法的な問題や、誤字・脱字の他に、専門用語や使用例が少ない語を説明抜きで使う問題など、表記統一以外の側面もあります。

ユニバーサル デザインの日本語

だれにでも使いやすい日本語を目指して

　ユニバーサル デザインとは、文化や年齢の違い、心身の障害の有無などに関係なく、だれにとっても使いやすいことを目指す設計のことです。日本語でも、ユニバーサル デザインが求められています。

　企業、官庁、自治体などのウェブサイトでは、音声読み上げ機能や文字サイズの調整を備えるようになってきています。これらも、電子文書ならではの利点です。

　音声読み上げなんて自分には関係ないと思っていませんか？　年齢による視力の低下は、多くの人にとっては避けられません。総務省によると、日本の65歳以上人口は、総人口の22.7%です。国連やWHOでは、65歳以上人口が21%を超えると、「超高齢社会」であると定義しています。文字を読みづらく感じる高齢者は、今後も増えるでしょう。音声読み上げがうまく機能するには、検索と同じように、表記を工夫し、また表記統一する必要があります。また、企業、官庁、自治体などのウェブサイトが音声読み上げに対応していても、それ以前の問題として、読んでも耳で聞いても、分かりやすい配慮がされているかという点では、大幅な改善が必要なようです。

検索しても見つからないのはなぜ？——きちんと検索できるようにするには

　紙媒体では、目次や索引によって目的の情報を探せますが、時間と手間がかかります。電子文書では、「検索」により必要な情報だけをすばやく探せます。数万字の文章の中でも、特定の語句を一瞬で見つけられます。このようなことは紙では不可能です。組織などで大量の文書があり、またその文書の読み手と

利用機会が増えると、このような検索は、非常に重要になってきます。ウェブサイト上の文書でも、読み手にしっかり検索してもらえる文書を作成することが重要になります。検索できない文書は、存在しないのと同じです。

　ある言葉の表記をネットやソフトウェア上で検索しても、見つからないことがあります。たとえば「ドライデオドラントメッシュクルーネック」という商品名が実際にあります。このようなカタカナが連続する複合語では、途中に入っている「メッシュ」というキーワードで検索しても見つからないことがあります（カタカナ語の区切りについては142ページを参照）。Microsoft Word 2010やGmailでは検索できますが、Microsoft OneNote 2010では見つかりません。これは、ソフトウェアやサービスによって、検索の仕組みが異なるからです。「表記によっては見つからないことがある」というのは、実務文章としては非常に不便です。技術文書、説明書、商品説明などで、探している情報が見つからないのは、不便というより、致命的な問題です。

　検索を正しく行えるようにするには、スタイル ガイド（52ページを参照）や用語集（221ページを参照）で表記を統一する必要があります。たとえば、HTML5は、HTMLの新しい仕様ですが、「HTML」と「5」の間にはスペースが入らないのが正しい表記です。HTML△5（△は半角スペースを表します）と書かれていると、「HTML5」の情報を探している人には、見つけてもらえません。ただ英語の場合はまだ問題が少ないほうです。英語では、表記に使用する文字は、1種類のアルファベットしかありません。また、表記上も、アメリカやイギリスなど各国での綴りの差異や、ハイフンの有無の問題がある程度です。

　日本語の場合には、ひらがな、カタカナ、漢字、ローマ字などさまざまな表記方法があります。また、音引きや中黒の有無、カタカナ語の表記方法（インタフェイスとインターフェースなど）にもさまざまな違いがあります。そして、現状では、表記方法が大きくばらついています。このような表記の揺れは、検索するソフトやウェブ サービスによっては差異を無視するようにうまく処理

されることもあります。Googleのサービスでは、かなり強力な検索の仕組みがあるので、以前に比べると、見つけられない場合は減ってきてはいます。自分が検索したキーワードそのものでなくても、似た言葉の情報も見つかります。しかし、いつでもどこでもそのような便利な機能が利用できるわけではありません。つまり、文章を作成する時点で可能な限り表記を統一して、確実に検索できるようにすることが、読み手にとっても書き手にとっても利益となります。

世界に開かれた日本語

　ユニバーサル デザインの考え方は、日本語を母語としない人にも当てはまります。日本語に翻訳された海外サイトの日本語がおかしいのは、日本語の書き方の基準が、国内的にも世界的にも広まっていないことが一因です。一方、日本語ウェブサイトでは他の言語に翻訳されていないことも多くあります。日本語で書かれているウェブサイトでも、世界中から非日本語話者がアクセスします。震災後の東北の観光産業で、周辺の地域まで海外からの客が激減したのは、原子力発電所、放射能、地震などについての正確な情報が得られなかったことも一因です。また、日本在住の非日本語話者向けの行政サービスは、後回しになりがちです。各国語のページの整備が不十分なら、自動翻訳に頼ることになるでしょう。Facebookで、海外の友人が、私が日本語で書いたコメントを自動翻訳して読み、英語でコメントを付けてくれることがあります。自動翻訳は進化を続けており、今後もさまざまな場所で使われるようになるでしょう。自動翻訳の精度は、元の日本語の書き方に大きく依存します。

　人間にとって読みやすく誤解しにくい日本語と、機械が自動翻訳しやすい日本語は、似ている点があります。日本語での自動翻訳の精度は、他の言語より低くなる要因がいくつかありますが、表記基準が不統一であることもその一因です。予算と用途によっては、人間翻訳より自動翻訳が最適なこともありますが、そのためにも表記の統一が役立ちます。「機械が扱いやすい日本語」とい

うと人工的なものという印象があるかもしれませんが、実際には、実務日本語で提案するいくつかの表記を守るだけで、大幅に翻訳精度を向上できます。

海外企業で日本語の公用語化が叫ばれることがなく、日本企業で英語公用語化が叫ばれているのはなぜでしょうか。日本の携帯電話のハードとサービスは、「ガラパゴス携帯」と呼ばれ、独自の発達を遂げましたが、その独自な部分は、一部を除いて世界に広まることはありませんでした。今では、急速にグローバルスタンダードの海外製品のスマートフォンに押されています。国際的競争力を付けられなければ消滅するのは、ガラパゴス携帯に限りません。

ネットで世界中どこからでも日本にアクセスできても、日本は、日本語という高い壁の内側にあります。この壁の内側にいて、壁があることさえふだんは意識していない人もいます。翻訳者は、毎日、その壁を見上げ、それがどれだけ厚く、どれだけ高いかをよく知っています。外国語を学ぶことでこの壁を超えるのも重要ですが、日本語の側から、この壁に穴を開けられれば、本当の世界が見えてくるはずです。

機種依存文字を「安全な文字」に置き換える

電子文書のユニバーサル デザインでは、表示環境に依存しないようにすることも重要です。パソコンや携帯機器ではさまざまな文字が使用されますが、一部の文字が問題となることがあります。**機種依存文字**とは、そのような文字の代表であり、特定の種類のパソコンや携帯機器でしか正常に使用できない文字です。よく見られるものとして、丸囲み数字や（単一の文字としての）ローマ数字などの記号があります。半角カタカナも、異なる機種では正常にやりとりできないことがあります。この問題は、異なる環境での電子文書が頻繁にやりとりされるようになって、表面化しました。機種依存文字は、他の機種でまったく表示されないならともかく、「？」や他の文字で表示されることもあります。文中に突然？がこのように？出てくると？、目障りであることはもちろん、誤解される危険が大きくなります。

電子メールや電子掲示板での書き込みでは、機種依存文字が文字化けの原因となることは、常識として浸透しつつあります。携帯電話の絵文字も、文字化けの大きな原因です。このような問題は、少しずつ改善されつつありますが、まだ根強く残っています。

　電子文書での一般的な原則としては、機種依存文字のような特殊な記号を「安全な文字」に置き換えて文書を作成します。丸囲み数字は、(1)、(2) ……のように、カッコに入れた数字で代用できます。

　丸囲み数字は、企業や官庁の文書で使われていることがよくあります。官庁の文書では、丸囲み数字をわざわざ画像に置き換えていることもあります。以下は、国税庁サイトの実例です。

①相手方、応接者、調査対象者、応接方法、応接日時
②意見聴取した内容[17]

　ウェブサイトに掲載する際、(1) のようなカッコ付き数字に置き換えるわけにもいかず、苦肉の策として画像に置き換えた、ということでしょう。このような手間のかかる作業をいちいち企業の文書でやっていては、日が暮れてしまいます。文部科学省[18]でも同じことがされています。丸囲み数字以外でも、画像化している機種依存文字があるかもしれません。このようなHTML文書を、テキスト形式やWord文書に変換するとき、すべての画像を文字に戻すことになります（あるいは画像を埋め込み直すことになります）。この作業を大量の文書に対して行うと、相当の手間とコストがかかります。機種依存文字を画像化すると、ネット検索や音声読み上げソフトでも支障が出ます。このようなことをするくらいなら、丸囲み数字を「禁止文字」として、最初から一切使わないことを厳守したほうがよいでしょう。

　一般に、官公庁や地方自治体のウェブサイトでは、レイアウト上などの必要性がないのにむやみにPDF文書を多用していることがあります。PDFだと、さまざまな環境で表示でき、機種依存文字の問題を一部回避できる可能性もあ

17　国税庁、http://www.nta.go.jp/shiraberu/zeiho-kaishaku/jimu-unei/shotoku/shinkoku/090401/01.htm
18　文部科学省、http://www.mext.go.jp/a_menu/kokusai/plan/08070713.htm

ります。ただし、PDFは、HTMLほどすばやく開けません。ウェブサイトのリンク先がPDFだと分かると、クリックをためらう人は相当数いるはずです。スマートフォンではPDFを表示できることもありますが、HTMLのほうがより多くの機器で表示できます。PDF文書の乱用は、文書の共有や再利用を妨げ、ひいては情報公開の妨げにつながります。また、HTMLでは、自動翻訳や音声読み上げはウェブサイト上でそのまま利用できますが、PDFの場合は、PDF表示ソフト側で別途用意する必要があります。

　I、II、IIIのようなローマ数字は、単独の記号（文字）として存在しますが、これも文字化けの原因となります。ローマ数字は、"I+I"のような英数字の組み合わせにすることもできますが、実務文章ではそもそも使わないほうがよいでしょう。また、パソコンのソフトでは、画面に多くの情報を表示するために、長い間、半角カタカナが使われてきました。最近は、パソコンの画面が大型化してきたこともあり、半角カタカナはあまり見かけなくなりましたが、使わないように注意する必要があります。特に、半角カタカナの中黒、カギ カッコなどの記号は、全角と区別しにくいこともあります。

　組織や企業では、さまざまな環境が存在しており、特定の機種でしか使用できない文字は問題となります。書き手が、自分の作成する文書がどのように共有され、再利用されるかという点を意識する必要があります。また、機種依存文字は、検索や自動翻訳などの、言語処理ソフトの障害の原因ともなります。

　なお、機種依存文字は、置換ツールを使って安全な文字に置き換えることができます。「チェック リスト（置換リスト）とチェック ツール（234 ページ）」を参照してください。

横書きと縦書き

　実務日本語では、基本的に横書きを使用します。横書きと縦書きができるのは、日本語の大きな特徴ですが、表記規則が複雑になる原因でもあります。縦書きでは、一四八五四六と十四万八千五百四十六など、数字の表記がばらつき

やすくなります。また、縦書きでは、international standardsのように欧文の語が多用される場合に読みにくくなります。縦書きでは、欧文の語をカタカナにしたり、全角英数字にしたりすることもありますが、横書きの部分との整合性がなくなります。

　どうしても同じ内容の文章を「縦書きにもする必要がある」という場合は、横書きでも縦書きでも不自然でない表記規則を事前に定めておく必要があります。つまり、表記規則は、可能な限り、縦書きと横書きの両方で使える規則にする必要があります。縦書きと横書きの形式を、相互に変換することはできますが、実際にはさまざまな問題が生じます。縦書きと横書きにはそれぞれ適した表記方法があるため、同じ表記が使えず、違いが出ることがあります。また、雑誌や広報誌のような複雑なレイアウトでは、囲み記事や見出しで、縦書きと横書きが混在することもあります。

　なお、現在では、日本語の横書きは、左から右に書くのが「常識」ですが、戦前は、右から左にも書かれていました。わずか60年くらい前のことですが、今ではほとんど見かけません。これは、日本語の「常識」が時代で変化することの一例です。

【内離ルール】内容とレイアウトを分離する

空白文字でレイアウトを調整しない

　電子文書では、文書の**内容とレイアウトを分離する**必要があります。これは実務日本語の重要な基本ルールですので、「**内離ルール**」と呼ぶことにします。つまり、文章の内容である「テキスト（文字データ）そのもの」と、そのテキストを「どのように表示・印刷するか」という書式情報とは切り離す必要があります。内容とレイアウトの情報が混在していると、テキストを再利用する際に、再調整する手間がかかります。内離ルールの目的は、**レイアウトと分離す**

ることで、**内容を文字データとして利用しやすくする**ことです。文中に数値が含まれている場合は、数値データも重要です。数字を数値データとして扱えるようにするには、全角数字ではなく、半角数字を使う必要があります（87 ページを参照）。

　内容とレイアウトを分離するということの具体例として、「**空白文字でレイアウトを調整しない**」ということがあります。古いワープロ専用機などでは、空白文字（スペース）「　」で文字を配置していました。たとえば、文書の表題を中央に持ってくるときに、空白文字を連続して入れて調整する、というやり方です。パソコンのワープロでも、このような方法を行っていることがありますが、これはよくありません。空白文字で文字を調整するのは、原稿用紙的な発想です。字数と行数が固定された原稿用紙では、内容とレイアウトが混在しています。しかし、かなり特殊な目的でない限り、ビジネス文書を原稿用紙で書く人はあまりいないはずです。

　内離ルールは、ウェブの世界では、紙の世界よりも徹底して守られています。本来、電子文書は、さまざまなソフトウェア（ブラウザーやワープロ ソフトなど）やハードウェア（パソコンや携帯電話など）で表示できます。文書を表示するソフトや機器が異なると、一度に表示できる行数やレイアウトが変わることがあります。内容をどう表示するかは、表示するソフトや機器の都合も考慮する必要があります。表示する環境に合わせられる電子文書の形式を「リフロー型」と呼ぶことがあります。電子書籍でも、リフロー型であれば、さまざまなソフトウェアや機器に合わせて最適に表示できます。

　表題を中央に持ってくる、ということも、「テキストの表示（見え方）」、レイアウトの問題です。空白文字で文字を配置すると、ある特定の文書では、きれいに中央に表示されるかもしれません。しかし、同じ文書を別の状況で再利用するとき、たとえば、紙のサイズをA4からレターサイズに変更したときに中央からずれてしまい、再調整する手間が発生します。この場合は、空白文字で文字を配置する代わりに、「中央揃え」という機能を使えば、ほとんどの状

況で中央に表示できます。また、複数の行の開始位置を揃えるには、空白文字ではなく、タブ文字を入れて、その位置を調整します。

　Excelなど表計算でも、空白文字を入れて「報　　告　　書」のように文字を配置していることがあります。「均等割り付け」などの機能を使えば、もっと楽に、きれいに文字を配置できます。「報　　告　　書」のように空白文字で間隔をとってしまうと、「報告書」というキーワードでは検索できなくなってしまいます。これらは、WordやExcelの基本機能ですが、きちんと使われていないと他人に迷惑がかかります。

　WordやPowerPointなどで、1文字空白文字を入れて見栄えや文字の位置を微調整することがあります。これはあくまでも最後の非常手段であり、他にうまい方法がない場合にのみ使い、最小限にとどめるほうがよいでしょう。電子文書の内容（文字）に直接的な変更を加えて見かけを修正するのは、最後の手段です。

　内離ルールが徹底されていると、電子文書をさまざまな形でスムーズに再利用できるようになります。たとえば、多様なソフトウェアやハードウェアで電子文書を利用する場合は、内容とレイアウトをきれいに分離した「メインの文書」を用意して、その文書に基づいてさまざまな派生的な文書を作成するとよいでしょう。余分な空白文字などで文字配置がされていなければ、「メインの文書」をWordで作っておいて、同じ内容をPowerPointに作り替える、という場合でも、スムーズにできます。また、パソコンのウェブ用の文書を、携帯電話用の形式に変換する場合でも、調整の手間が減ります。

文の途中で改行しない・改行は段落の最後に入れる

　内容とレイアウトを分離するという内離ルールについては、以下のことにも注意する必要があります。

　・文の途中で改行しない

• 改行を入れるのは、原則として段落の終わり

　電子文書、特にブログ、ソーシャル ネットワークの日記、メールなどで、文の途中に改行を入れた文章をよく見かけることがあります。

　　例：
　　こんなふう
　　に行の途中
　　で行を変えた文章
　　です。

　このように文の途中で改行したくなるのはなぜでしょうか。たとえば「見た目の1行が長すぎる」と感じた場合などでしょう。意識せずについやってしまいがちですが、いろいろと問題が出てきます。

　ここで、「改行」と「折り返し」の違いを理解しておく必要があります。「改行」は、新しく行を始める箇所を、文書の書き手（ユーザー）が指定します。これに対して、「折り返し」は、電子文書を表示するソフトが、1行がある文字数に達したときに、残りを自動的に次の行にすることです。

　文の途中で改行すると、「再修正が手間になる」、「行末が揃わない」という問題点があります。まず、レイアウト上、行末が揃わずに、でこぼこして見栄えが悪くなります。ワープロでは、文章を、左揃え、右揃え、中央揃えができるのはご存じでしょう。これ以外に、両端揃え（ジャスティフィケーション）という書式設定により、行の左右の端を直線的に揃えることができます。自動的にワープロが調整して折り返すので、自分で改行を入れる必要はありません。ワープロに任せたほうが楽できれいにできます。

　また、文の途中で改行すると、文章を推敲したとき、字数が増減するたびに改行を削除しては入れ直して、字数を調整する必要があります。字数がずれて修正するのは面倒なので、推敲の手を抜くことにつながります。また、電子文

書を別の用途で再利用するときにも、改行を削除して付け直す必要があり、余計な手間がかかることになります。

　もし書き手自身がレイアウトを調整できる場合は、段組（コラム）にするか、1行内の文字数を指定すれば、改行をわざわざ自分で入れる必要はなく、指定した文字数で自動的に折り返されます。もちろん、Wordなどワープロでの段組や1行内の文字数を指定する方法をきちんと理解する必要があります。このような機能は、なおざりにされがちですが、正しい方法を覚えると作業効率を大きく上げ、きれいで読みやすい文書にできます。

　掲示板などの投稿システムでは、自動的な「折り返し」がされない場合もあります。また電子メールでは、1行が長くなることがあります。このような場合は読みやすくするため、文の途中で改行を入れるのはやむを得ません。

　要するに、「自動での折り返し」ができるようにしておく、ということです。電子文書では、さまざまな表示機器の画面に合わせて幅が自動的に調整されます。たとえばパソコンと携帯電話では、1行に表示される字数が異なります。電子文書では、表示する文字の大きさが自由に変えられるのも利点です。文字の大きさを変えると、1行に表示される字数が変わります。書き手は、実際の字数が何行になるかあらかじめ知りませんし、先に「1行は40字」などと決めてしまうと、後でそのつど変更する手間がかかります。つまり、自分で1行の字数を決めるより、文章を表示させるソフトや機器に表示方法を任せたほうが、書き手にとっても楽ということです。

それでも文の途中で改行したいときはソフト リターンを使う

　どうしても文の途中で改行したいときは、ソフト リターンを使うことがあります。ソフト リターンとは、「見かけ上の改行」のことです。通常の改行はハード リターンと呼ばれることもあります。

　テキスト ボックスや表のセル内で、以下のように文の途中で改行（ハード リターン）していることがあります（¶は改行を示します）。

2010年 ¶ 11月10日	これはセル内の ¶ 改行のサンプル

　見かけの調整のためだけにハード リターンで区切ると、一続きの文やデータと見なされず、個別の行の扱いになってしまいます。改行の前後が本来、1文としてつながる場合には、再編集、再利用、翻訳をする際に、不要な改行を削除する必要があり、望ましくありません。意図的に入れた改行以外にも、PDF文書をWord文書やテキストのような編集可能な文書に変換したときも、このような不要な改行が入ることがあります。行として分けずに見かけだけ折り返すには、「見かけ上の改行」、つまりソフト リターンを入れることができます。ソフト リターンは、見かけ上はハード リターンとまったく同じように見えますが、一続きとして扱われます。

　また、テキスト ボックスや表のセル内で自動的に折り返されたときに、以下のように日本語として切れ目がおかしくなる場合は、ソフト リターンを使って調整することがあります。

　　×ココア　ア
　　　イスクリーム

　ソフト リターンを入れるには、WordとPowerPointでは、Shift+Enter、ExcelではAlt+Enterを入力します。なお、Wordでのソフト リターンの正式名称は「任意指定の行区切り」です。

　ソフト リターンはあくまでも見栄えの都合上入れるものなので、必要最小限にします。

半角および全角文字間には半角スペースを入れない

　実務日本語では、**英字は半角**で表記します。全角英字は、半角の2倍弱の字数を消費します。また、全角英字では、スペルチェックが機能せず、間延びし

て見栄えが悪いという問題もあります。

　さらに、実務日本語では、**半角と全角の文字の間に間隔を入れる目的で半角スペースを挿入することはしません**。以下の例で、△は半角スペースを表します。

　〇この仕組みはLANと呼ばれます。
　×この仕組みは△LAN△と呼ばれます。

　レイアウトでは、隣り合う文字間の間隔を見栄えが良くなるように詰めて調整することはカーニング、字詰めなどと呼ばれます。また、文字の並び具合を適度に広げる調整はトラッキングと呼ばれます。

　特にIT分野のマニュアルなどで、和文中に英数字の語句が入っている場合、見栄えのバランスを調整するために、半角と全角の文字の間に半角スペースを入れることがあります。DTPなどで、和文中に欧米文字が交じる和欧混植の場合、本文活字の4分アキまたは3分アキを入れることが多いようです。しかし、ワープロやDTPなどでは、このような間隔調整は、ソフトが自動で処理します。Wordを含むMicrosoft Officeでは、日本語や欧米言語の文字は、自動的に別の言語として識別されます。LibreOfficeなどその他のOffice製品でも、半角と全角の文字の間隔は自動的に処理されるため、手作業での間隔調整は必要ありません。DTPの専門家が印刷用に高度な調整を行う場合は、DTPソフトで字間を細かく手動調整しますが、時間も費用もかかります。

　この「半角スペースを挿入する」という手順を手作業ですると、実際には徹底されないことが多く、結果的に不統一になりやすくなります。入れたり入れなかったり、ということになりがちで、むしろ見栄えに統一感がなくなります。

　半角と全角の文字の間に、適切な間隔は必要です。しかし、半角スペースを間隔の代用品とすると、必要以上に間が空いてしまい、間延びした印象を与えます。4分アキまたは3分アキの代わりに、半角スペースを使うと、「アキすぎ」になることがあります。これは本来、人間ではなく、表示するソフトが自動で

処理すべき問題です。スペースを見栄えの調整に使うのは、内容とレイアウトを分離する内離ルールに反することにもなります。

　マイクロソフトの文書では、「半角および全角文字間には半角スペースを入れる」のが基本となっています。ところで、Microsoft Wordには、オートコレクトのオートフォーマットに［日本語と英数字の間の不要なスペースを削除する］というオプションがあります。入力オートフォーマットにも同じオプションがあり、これがオンになっていると、日本語と英数字にスペースを「誤って」入れても自動的に削除されます。企業や組織で、「スペースを入れない」ということを徹底したいときには役立つかもしれません。また、オートフォーマットは一括して手動ですることもできます。この場合、［日本語と英数字の間の不要なスペースを削除する］をオンにしてオートフォーマットを実行すると、すべて削除されます。オートフォーマットは、よほど人気がない機能なのか、Word 2007以降では、標準のボタンから外されています。使う場合は、クイック アクセス バーのオプションでボタンを追加できます。

数字は半角にする

　実務日本語では、数字は、半角アラビア数字（0、1、2、3……）で統一して表記します。数字には、半角・全角アラビア数字、漢数字などの表記がありますが、これらが統一されていないと、検索をするときに支障が出ます。

　全角アラビア数字は使用しません。「アラビア数字は1桁の場合のみ全角で表記する」というルールを決めている企業もあります。これは一見、収まりがよいように見えるかもしれませんが、実務文章では、混乱を招くだけです。

　文中の数字を、他の表計算ソフトなどでデータとして利用したい場合があります。このときに、半角アラビア数字でないと、実際の数値として他のソフトで計算や処理ができなくなり、情報の再利用を妨げることになります。内離ルールに従うと、文書内容の一部である数字を、数値データとして利用しやすい半角にする、ということになります。Microsoft IMEやATOKなどの日本語

入力システムの設定で、全角数字を入力しないようにすることもできます。

　漢数字は、「1万」、「一万」、「一〇〇〇〇」、「壱万」のように表記方法が複数あり、一貫した「数値データ」として扱うことが困難です。文書内にせっかく数値が役立つ情報として存在するのに、漢数字で書かれていては、その情報を活用できずに放置することになります。また、漢数字では、数字に基づいて並べ替えることもできません。Excel文書でなくても、並べ替えて情報を整理する必要があることは多くあります。

　もちろん、漢数字が必要な場合もあります。以下のように、数字を含む慣用句の場合には、漢数字を使用します。

　〇これも一つの方法です。
　〇これが唯一の方法です。

　当たり前ですが、以下のような言い方はしません。

　×これも二つの方法です。
　×これが唯三の方法です。

　慣用的な用法では、「一つ」と表記します。つまり、「もう2つのほうを探す」のように2つ、3つと言い換えができない場合は「一つ」と表記します。「もう1つのほうを探す」という表記には違和感があります。また「一過性」を「1過性」、「一般的」を「1般的」、「一時的」を「1時的」と書くのは変です。しかし、「2つ（あるいは3つなど）の方法」について言及している場合には、半角アラビア数字とします。また「あと1つ必要です」の場合は、「あと2つ必要です」とも言えるので、「ひとつ」や「一つ」ではなく、「1つ」になります。

07 文の組み立て

> **この章の主なポイント**
> - 【百半ルール】1文が100字を超えたら2つに分ける
> - 【文の重先ルール】重要な語を最初に持ってくる
> - 動作主体をはっきりさせ、一貫させる
> - さまざまな言い換えのテクニックを使う
> - 名詞を動詞にすると分かりやすくなる
> - 意味のまとまりを壊さないように修飾関係を整理する

文を簡潔に、論理的に書く

文は文書の基礎になる

　この章では、文書を構成する「文」の組み立て方についてご紹介します。つまり、ここでの「文」とは、文書全体のことではなく、「センテンス」のことです。文は段落を作り、段落は文書を作ります。

　実務文書では、文書全体でもそうですが、文のレベルでも、論理的に書く必要があります。つまり、文書は、文書全体としても、その一部を取り出しても、論理的である必要があります。文を論理的に書くという一つ一つのポイントは決して難しくはなく、極めて常識的なことです。たとえば、「てにをは」を的確に使う、正確な用語を使うなどがあります。しかし、それぞれの文で「筋道をきっちり通す」ということは、実際に書いて訓練する必要があります。本来は、論理的に書く訓練を、もっと学校の国語の授業でするべきなのでしょう。

　文を論理的に書く、ということは総合的なことです。具体的には、以下で説明する各項が守られれば、論理的に書けるはずです。また、1文をだらだら長く書くと、論理的でない、つじつまの合わない点が出てきやすくなります。簡

潔に書くことは、論理的に書くことにつながります。

文体の種類――敬体と常体

　文体の種類には、敬体（です・ます）と常体（である・だ）があります。実務日本語では、基本的に地の文では敬体を使います。箇条書き、見出し、用語集の定義などでは、常体を使います。昔は常体で書かれた文章が一般的でしたが、常体で書くと、命令口調、いわゆる「上から目線」になりがちです。また、常体では、もったいぶった、難しい表現を使いがちになります。そんなときは、読者がどう読むかということは忘れ、「自分はこんなにエライんだ」という気分になるものです（私だってそうです）。23ページの西田幾多郎のように、「～と考えられるのである」、「～のである」など、論文では「～である」がよく使われますが、なくても意味が変わらないこともあります。論文などでは常体で書くことが多いですが、必要な専門用語はともかくとして、むやみに難しい言葉を使って「自分に酔っていないか」冷静になる必要があります。。

【百半ルール】1文が100字を超えたら2文に分ける

　長い文は、短くすると確実に分かりやすくできます。具体的には、1文を100字以内で書くと、簡潔かつ明快に書けます。これは、簡単なようで実際的かつ効果的です。

　哲学者ヘーゲルは、文頭からピリオドまで、3ページにわたる文を書いたそうです。ドイツ語では、Kunstgeschichte（美術史）のようにつなげて書く複合名詞が多いので、文だけでなく、単語も長くなりますが、そんな長い文でないとどうしても表現できない論理的な理由があったとは考えにくいところです。ヘーゲルのまねをしてはいけません。

　1文が100字を超えた場合、2文に分けましょう。これを「**百半ルール**」と呼ぶことにします。100字を超える文の多くは、主語と述語が入れ子になった複文か、「……なので、……となり、……によることから、……によって、……

となります」のように、つなげる意味がない文をつなげていることがあります。複文であれば、主語と述語のまとまりごとに、複数の文に分割できます。100文字の文を、単文で書くのは至難の業でしょう。また、長い文では、接続詞が切れ目になることもあります。

　「分かりやすい文を書く規則を1つ教えてください」と聞かれたら、私なら「百半ルールをチェックしてください」と答えます。百半ルールが徹底されれば、文の分かりやすさは確実に改善します。文を短く書く、ということは、作文の本でもよく言われていますが、どれだけが短いのかは示されていないこともあります。1文を100字以内にすると、1文にあれこれ無理に詰め込むことができなくなります。それが、無駄な言葉を削ることにもつながります。また、100字以内に収めようとすると、文を読み直すきっかけが生まれ、文の問題点が浮かび上がってきます。1文が長いままだと、文の問題点が埋もれてしまい、見つけにくくなります。英語でも、文をピリオドで止めずに、いくつもつなげて書くことをrun-on sentenceといい、悪文の典型の一つとされています。

　文章の書き方に関して、「絶対にうまくいく」という保証付きの方法はなかなかないものです。百半ルールも、万能ではありません。読者が知らない専門用語が多かったり、論理のつながりがおかしかったりすると、いくら1文が100字以下でも分かりやすくならないでしょう。しかし、百半ルールは、ほとんどの場合はこれだけでもうまくいく、シンプルながら確実な方法です。

　1文100字という字数制限は長すぎる、と考える人もいるでしょう。しかし、100字は長いように思えても、実際に文を書くと、すぐに超えてしまいます。また、「数文字削るより」は「2つに分ける」ということも重要です。たとえば120字の半分は、60字です。つまり、100字以内にするとき、2つに分けることで、（元が200字近い場合を除いて）結果の文は100字よりかなり少なくなります。

　テクニカルコミュニケーター協会『日本語スタイルガイド』では、1文を50字以内にすることを推奨しています。しかし、医療、法律、IT分野などでは、

特に、長いカタカナ語や英語原語の言葉が多用されており、1文を50字以内にすることは困難です。「テクニカルコミュニケーター」という言葉だけでも13字あります。参考までに、この本自体を紹介するウェブサイトの説明文の字数は以下のようになっています（字数は著者が追加）。

　一般財団法人テクニカルコミュニケーター協会（以下、「TC協会」）では、実用文全般に広く適用できる文章表現の指針や留意事項を取りまとめた「日本語スタイルガイド＜第2版＞」を出版します。(90字)
　本書は、テクニカルライティングの知識と経験に基づき、より広範な日本語の文章表現技術に応用できるように、基本的な文章作成の指針を集大成したものです。(73字)
　学生から社会人まで、日本語の書き言葉による適切なコミュニケーションに役立つように編集されています。(49字)
　TC協会は、「日本語スタイルガイド＜第2版＞」による学習の到達度を全国共通の基準によって測るために、「テクニカルコミュニケーション技術検定試験：3級 テクニカルライティング試験[TW]」を実施しています。(97字)[19]

　このように、1文50字以内という制限は、現実にはきつすぎて守れない可能性があります。1文100字以内であれば、徹底して守ることができるはずです。本書でも、長すぎる文の例を除いて、100字を超える文はないことをチェックツールで確認しています。

　Wordで文章作成している場合の簡単なチェック方法として、**Word上で2行以上続く文は、読みづらい**可能性があります。Wordでは、A4サイズでの標準の設定では、1行の字数は50字弱になります。余白や字数などの設定を、標準設定から変更している場合は、1行の字数が何文字になるか確認してみるとよいでしょう。「字数計算（183ページ）」では、字数を簡単に確認する方法を説明しています。

　また、「百半ものさし」を作るのもよいでしょう。「■」を100個並べると、

---

[19] http://www.jtca.org/publication/guide_jsg.html

100字の長さを感覚的に把握しやすくなります。以下が、100字分となります。これが「百半ものさし」です。

■■■■■■■■■■■■■■■■■■■■■■■■■■■■■■■■■■
■■■■■■■■■■■■■■■■■■■■■■■■■■■■■■■■■■
■■■■■■■■■■■■■■■■■■■■■■■■■■■■

　自分でこの「百半ものさし」を作って、前述の字数計算で、100字分あるか確認します。文書を書くときは、ワープロ文書に「百半ものさし」をコピーして、この長さを超えていないか、簡易的なチェックができます。

　百半ルールは、それ自体が目的ではありません。あくまで、分かりやすく書くための基準です。むりに100字以内に納めることで分かりにくくなるようなら、しないほうがいいでしょう。しかし、この原則に当てはめると、文が分かりにくくなっている箇所を、すばやく、簡単にチェックできます。ワープロソフトの一太郎や校正支援ソフトJust Right!では、1文の長さをチェックする項目があります。正規表現やWordのワイルドカード検索（180ページを参照）を使ってチェックすることもできます。参考までに、Wordなどでは、「。[!。！？^13]{100,}。」という正規表現を使えば、簡易的に百半ルールをチェックできます。全角と半角の違いに注意してください。細かい解説は省略しますが、普通の言葉に直すと、「句点と句点の間で、『。！？』と改行以外の文字が100字以上ある（句点を含めて101字以上の）文字列を探す」という意味です。

　また、カッコやダッシュを使って、文中や文末にさらに文を入れると長くなりがちです（つまり、こんなふうにおまけを付けるわけです）。あれもこれも説明したい、補足したいという気持ちが先走ると、このような文をつい書いてしまいがちです。しかし、カッコ内の文を外に取り出して、別の文にしても問題がないことが多いものです。

　ウェブページで音声読み上げツールを使うときも、長すぎるセンテンスは理解しづらくなります。耳で聞いても分かりやすくするには、100字では少し長すぎるかもしれません。今後、最適な文の長さについて、科学的な検証が必要

となるでしょう。

【文の重先ルール】重要な語を最初に持ってくる

　文中で重要な語は、文の始めのほうに持ってくるようにします。こうすれば、なにについての文なのか、文の最初を読んだだけで予測できます。これを、「重先ルール」と呼ぶことにします。たとえば、定義される対象になる語、文のトピックとなるキーワード、あるいは説明しようとしている語は、重要な語ですので、最初に持ってきます。文を、なにから書き始めていいか分からなければ、重要なことから書きましょう。なにが重要か分からなければ、ひとまずキーワードを書き出してみて、どれが重要か比較します。

　以下の例では、「自然言語処理」という語を説明しようとしています。

　×ウェブやパソコン内での検索、日本語入力システム、自動翻訳、音声認識、音声合成による読み上げなどで使われているのが、自然言語処理です。

　上記のように「自然言語処理」を文の最後にしてしまうと、なにについての文なのか、文の最後にたどり着くまで分かりません。

　○自然言語処理は、ウェブやパソコン内での検索、日本語入力システム、自動翻訳、音声認識、音声合成による読み上げなどで使われています。

　上記のように書けば、説明される語の後に、実際の説明が来るので、自然に理解できます。このような語の説明が複数続く場合は、以下のように書くこともできます。

　○自然言語処理：ウェブやパソコン内での検索、日本語入力システム、自動翻訳、音声認識、音声合成による読み上げなどで使われています。

　ソフトウェアの操作説明では、ユーザーがしたいこと、つまり「操作により得られる結果」を最初に持ってきます。以下の文では、肝心なことは文の最後

まで読まないと分かりません。

　×Wordを含む多くのソフトでは、キーボードの上の列にあるF1キーを押すとヘルプが表示されます。

　以下のように「ヘルプを表示するには」を先に書けば、「ヘルプを表示するにはどうしたらいいんだろう」というユーザーの疑問にすぐに答えられる文にできます。

　○Wordを含む多くのソフトでヘルプを表示するには、キーボードの上の列にあるF1キーを押します。

　段落のレベルでも、重要なポイントは最初に示します。つまり、段落にも重先ルールがあるといえます（156ページを参照）。

　パソコンのファイル名や、電子メールの件名でも、重先ルールが当てはまります。以下のような電子メールの件名はよく見かけるはずです。

- 「RE: RE: RE: RE: RE: RE: RE: RE: RE: RE: 12月の定例会議」

　電子文書では、ソフトでの表示の関係上、最後のほうが隠れてしまうこともあります。一番重要な言葉を、常に最初に書けるとは限りませんが、最後に回すと分かりづらくなることは意識する必要があります。

　キーワードはゴシック体や太字で強調することもできます。同じキーワードが複数回出る場合は、最初の1回のみ強調します。

語をつなぐ接続詞

　語をつなぐ接続詞には、「と」、「および」、「または」、「あるいは」などがあり、事物を列挙する場合に使います。「および」、「あるいは」は、いわゆる「公用文」で使われ、口調が硬くなるので、正確さよりも親しみやすさを重視する文書では避けられることがあります。しかし、実務文章でも、「と」だけでは関係が

あいまいになるので、「および」は比較的、出番が多いようです。このような、語をつなぐ接続詞を正しく使わないと、思わぬ誤解につながります。

英語では、and、orについては標準的な書き方が決まっており、バリエーションがあったとしても数が限られます。日本語は、よく言えば自由度が高く、悪く言えば決まりがありません。同じ文書内でも、複数の書き方が併用されていることがよくあり、意味が違うのか、同じ意味なのか、あいまいなことがあります。

「および」は、「と」よりも相互の関係が密接である場合にのみ使います。以下をご覧ください。

○ AとB
× AとB型

前者では、「A」と「B」というものがそれぞれある、ということで問題ありません。しかし、後者では、「A」と「B型」というものがそれぞれあるようにも解釈できます。「A型」と「B型」がある場合、以下のように「および」を使います。

○ AおよびB型

これは、以下のように書くこともできます。

○ A型とB型

こちらのほうが確実ともいえますが、「A型とB型」という言葉が多数繰り返される場合は、「AおよびB型」と書いたほうが簡潔です。

また、以下のような単純な列挙では、あえて「および」を使う理由がありません。

× AおよびB

ここでは、「および」を使わず、「AとB」と書くべきです。

以下では、誤解するほどではなくても、「皆様」が参加者に及んでいない、とも読めます。

×参加者と関係者の皆様、お疲れさまでした。

「参加者の皆様、関係者の皆様」と書くこともできますが、以下のようにも書けます。

○参加者および関係者の皆様、お疲れさまでした。

以下は、見出しの例です。

- 新しい製品とサービス
- 新しい製品やサービス
- 新しい製品、サービス
- 新製品とサービス

このような書き方では、「新しい製品」と（新しくない）「サービス」であるようにも取れます。つまり「新しい」が「製品」だけでなく、「サービス」にも係るかどうかが、あいまいです。以下の書き方は、その点では誤解はありませんが、くどく感じられます。

- 新しい製品と新しいサービス

この場合は、以下のように書けます。

- 新しい製品およびサービス

「および」の結びつきの度合いは、「と」よりも強いので、「新しい」が「製品」と「サービス」の両方に係ることが示せます。

できれば、上記のように、複数の名詞を1つの形容詞で修飾しないことです。

新製品と新サービスをまとめて説明しようとしているところに、やや無理があります。「新製品」と「新サービス」を個別の見出しにする方法もあります。

「および」が常に良いとは限りません。以下のような例があります。

- 販売および営業部門
- 翻訳ツールおよび技能

これらは、以下のように書いたほうがよいこともあります。

- 販売部門、営業部門
- 翻訳ツール、翻訳技能

しかし、「A型とB型」の例同様に、繰り返し使われる場合は、「販売および営業部門」のほうが簡潔です。

いわゆる「公用文」では、「及び」と「並びに」、「若しくは」と「又は」と表記されます。接続する語が入れ子の関係になるとき、「及び」と「若しくは」は、「並びに」と「又は」よりも結びつきが強くなります。たとえば、「兄若しくは弟、又は姉若しくは妹が該当する」のようになりますが、場合によっては、「兄、弟、姉、妹のいずれか」と簡単に書けることもあります。

実務文章では、「もしくは」、「または」のようにひらがなで表記しますが、多用すると語調が硬くなり、またややこしくなります。どう書くと誤解がないか、また明確に書けるかを考えて接続詞を選びます。

意味のまとまりを壊さないように修飾関係を整理する

明快に書くには、**修飾する語と、修飾される語**を近づけます。文中の中には、修飾する語と、修飾される語などの「意味のまとまり」があります。書き手の頭の中では、意味のまとまりが成り立っていても、文として書くときに、まとまりが壊れてしまうことがあります。意味のまとまりを壊さないように修飾関係を整理するには、**語順を入れ替える方法と、読点で区切りを入れる方法**があ

ります。日本語では、語順をかなり自由に入れ替えられますが、語順によっては意味のまとまりが分かりにくくなることがあります。

　形容詞の場合を見てみましょう。『小さな中国のお針子』という邦題の映画があります。これは、『バルザックと小さな中国のお針子』(*Balzac et La Petite Tailleuse Chinoise*) という本の原作に基づいています。もちろん、小さいのはお針子であって、中国ではありませんが、ちょっと気になります。「小さい」という形容詞を、「お針子」の直前にすると、『中国の小さなお針子』となり、意味がはっきりします。こうしなかったのは、字面的に「中国」よりも「小さな」が最初に目に入るようにしたいという意図があったのでしょうか。文芸作品では、あいまいな修飾関係も許容され、また意図的に用いられることもありますが、実務文章では誤解のないように修飾関係を明確にする必要があります。

　以下の文は、実際のグルメ情報サイトのボタンにあった語句です。

×すべてのお店の口コミを表示する

　この文が意味しているのは、「すべてのお店」の口コミ、ではなく、実際には以下のことです。

・すべての「お店の口コミ」を表示する

　このような場合は、以下のように書き換えると誤解を防げます。

○お店の口コミをすべて表示する

　副詞は、修飾する動詞の前に置くと、誤解を防げます。以下の文は、副詞と、副詞が修飾する動詞が離れています。

×たくさん文章に関する本を読んだ

　意識しないと、このような文をつい書いてしまいがちですが、「たくさん」は動詞「読んだ」に係るので、以下のように、動詞の直前に置くほうがより明

確です。

　○**文章に関する本をたくさん読んだ**

　副詞は、日本語では自由に配置できます。読み手が読む順番を意識せず、書き手が考えたことをそのまま文にしただけだと、副詞が離れがちです。

　×**カタカナ語は、むやみに名詞以外の動詞や形容詞として使用すべきではありません。**

　副詞「むやみに」と動詞「使用すべき」は、近づけたほうが意味をはっきりできます。

　○**カタカナ語は、名詞以外の動詞や形容詞としてむやみに使用すべきではありません。**

主語と動作主体

主語や目的語を省略するとき・しないとき

　日本語では、主語や目的語を省略するときと、しないときがあります。会話ではほとんど意識せずにしているでしょう。もともと日本語には、主語や目的語という考え方はありませんでした。というより、文法という考え方自体がありませんでした。文法という考え方は、ヨーロッパ的な言語に基づいています。イタリア語やスペイン語などでは、動詞の活用形から主語がはっきりしていれば、主語は省略できることがあります。英語では、主語が省略できるのは、特殊な場合です。

　「主語という考え方をすべきか」ということを含め、日本語の文法には異論が多くありますが、主語・目的語という考え方が役立つこともあります。成山

重子『日本語の省略が分かる本』でも、日本語で主語や目的語を「省略する」という言い方をすべきかどうかは議論があるようです。しかし、同書でも「省略」という言い方をしていますし、そのほうが理解しやすいでしょう。
　主語の省略の例を、この項の2番目の文で見てみましょう。

- 会話ではほとんど意識せずにしているでしょう。

　省略されている主語はなんでしょうか。あえて言えば、「日本人（日本語話者）」です。この文には他にも省略されている要素があります。「省略」した箇所を補うと、以下のようになります。

- （日本人は、）会話ではほとんど意識せずに（主語を省略）しているでしょう。

　この文は、省略されている箇所があっても理解できるはずです。問題は、**主語や目的語を省略することで意味があいまいになる文**です。翻訳ソフトが日本語から訳すときに、特に間違えやすいのが、このような省略された主語です。
　「だれが」ということは、前後の文、そしてその文がある文脈が分かれば、人間には理解できます。

- 今日は早めに帰ります。

　この文単独でも、主語は「私」であるらしいことは、人間には簡単に推測できます。断定しているので、「彼」や「佐藤主任」ではなく、自分のことを言っているのでしょう。
　英語に訳すなら、以下のようになります。

- I will go home early today.

　「家に帰る」とは明言していませんが、状況的にそうなのでしょう。さて、ここらあたりまでは、誤解している危険はゼロではありませんが、なんとか大丈夫です。

では、次の文はどうでしょうか。

- 今日は早めに帰りますよね？

これだけでは、早めに帰るのが、「あなた」のことか、「佐藤主任」（女性）か、「福井君」（男性）か、「人事部全員」か分かりません。英語では、you、she、he、theyのどれが主語か迷います。さらに、どこに帰るのかもこれだけでははっきりしません。翻訳者は、日々、このような問題と格闘しています。

また、以下のような文があります。

×今、まだスキーができますか？

これは、時期的にスキーができるのか、スキーの技能を持っているか、主語がないとはっきりしません。

しかし、主語や目的語を例外なく書くと、不自然な日本語になります。では、どうしたらいいでしょうか。

動作主体を一貫させる

ある文が別の文に続くとき、主語の有無に関わらず、**動作主体を一貫させる**ことが重要です。動作主体とは、主語として記されているかとは関係なく、主語が示す内容のことです。たとえば、「書き手が読み手のために文章を書く」という場合、動作主体は「書き手」です。日本語では、文脈から動作主体がはっきりしていれば、主語は省略できます。「読み手のために文章を書く」とだけ書いても、やはり動作主体は「書き手」です。重要なことは、「主語をはっきりさせる」ことではありません。主語は省略したほうがすっきりすることがあります。むしろ、主語で示される「動作主体をはっきりさせる」ことが重要です。

動作主体が一貫していれば、主語がなくても、すんなり理解できます。「主語がない文だから悪文」なのではありません。動作主体があいまいだから悪文

なのです。特定の文脈があれば問題のない文でも、前項の「今日は早めに帰りますよね？」のように、元の文脈から切り離して1文のみ抜き出すと、前提となっている動作主体が分からなくなるので、当然、理解しづらくなります。

　動作主体が途中でいきなり変わると、読み手を誤解させることがあります。ある文から次の文に移るときには、動作主体をむやみに変えないようにします。英語では主語を省略しませんが、動作主体をむやみに変えないほうがいいのは同じです。たとえ主語を省略しなくても、「AがBをどうする」という話をしていたのが、いつの間にか「BがAをどうする」という話に変われば、理解しづらくなります。

　また、日本語では、ある種のモノを主語にすると不自然になることがあります。「雨が降る」、「パソコンが壊れる」などは問題ありません。しかし、英語では、"The song made me cry." は自然な表現ですが、「その歌は私を泣かせた」という文は、まるで下手な翻訳文のようです。翻訳ではない文章でも、「翻訳調」で書かれていることはよくあります。文学では、あえて翻訳調の表現を使うこともありますが、実務文章では、より自然な表現が必要です。実務文章で「この製品は、すばらしい音楽体験を提供します」、「この用紙は、申請を可能にします」といった文は、あまりに翻訳調が強すぎるといえます。これらの文では、「この製品により、すばらしい音楽体験が得られます」、「この用紙で、申請できるようになります」とすると、少しだけよくなります。実際の文章では、全体のバランスと前後の文脈を考えたうえで、さらに手直しが必要でしょう。

　また、説明書や手順の説明、注意書きでは特殊な動作主体を使うことがあります。これらを英語で書く場合は、簡潔な命令形を使います。英語では、いちいち "please" を付けなくても別に失礼と思われることはありません。しかし、以下のように、日本語で「〜してください」が繰り返されると、丁寧語であっても、読み手には命令されている印象が強くなります。

× ［次に］ボタンをクリックしてください。次に、**必要な項目を選択してください**。［削除］ボタンをクリックしてください。

　このような場合は、「してください」を「します」に置き換えると、命令口調が連続することを避けられます。

〇 ［次に］ボタンをクリックします。次に、**必要な項目を選択します**。［削除］ボタンをクリックします。

　これは、マニュアルなどの実務翻訳では、よく行われますが、手順を説明する実務文章でも応用できます。このように書き換えると、厳密には動作主体が変わります。「してください」は、命令形なので、動作主体は「あなた」ですが、省略されています。「します」にすると、命令形ではなくなります。ここでの動作主体はやはり省略されており、明確ではありませんが、あえて言えば「ユーザー」などになるでしょう。いちいち解説するとややこしいようですが、重要なのは、「だれがなにをするのか」を読み手が混乱しないことです。

　もちろん、このように置き換えられるのは、動作主体が「読み手（あるいはユーザー）」であることがはっきりしている場合です。動作主体が第三者になる場合は、「だれが」を明記する必要があります。次の文では、「だれが」するのか不明確です。

・［送信］ボタンをクリックします。メッセージを送ります。送信されたメッセージを確認します。

　それぞれ、「だれが」することか明記すれば、状況がはっきりします。

・送信者は、［送信］ボタンをクリックします。メール ソフトがメッセージを送ります。受信者は、送信されたメッセージを確認します。

　また、読み手に注意を促す場合は、「〜します」にせず、「〜してください」

のままとします。特に「確認してください」と「注意してください」という動詞では、原則、「〜してください」のままとします。

- すべての項目が選択されていることを確認してください
- 次の行を変更しないように注意してください

能動態で動作主体をはっきりさせる

　受動態（受け身）の文は、文章中では使いすぎないようにし、なるべく能動態を使います。受動態を使うと、文の動作主体が不明確になります。
　以下の文では、だれが決定するのかがはっきりしません。

×最終方針は、近日中に決定されます。

　以下の文では、だれが尊重するのかはっきりしません。

×大学については、自主性、自律性その他の大学における教育及び研究の特性が尊重されなければならない（教育基本法第7条第2項）

　特に法律の文章は、受動態で書かれていることが多いようです。これは、法律の「抜け穴」につながることもあるでしょう。
　無意識に受動態で書いてしまうことはよくあります。文脈がはっきりしていれば問題のない受動態もありますが、日本語、特に公文書や論文などでは、受動態の頻度が異常に多いといえます。また、書き手が動作主体をそもそも明確に想定していないので、意味がはっきりしないことがあります。日英翻訳では、日本語の受動態を英語でも受動態のままにできることもありますが、あまりにも受動態が続くと、分かりづらい文章になります。
　また、英語ではyouを主語にするのはなんの問題もありませんが、日本語では「あなた」を主語にするときつい印象を与えます。データベースのようなソフトの、マニュアルを考えてみましょう。

×この手順に従えば、あなたは、すばやく商品のリストを作成できます。

　意味は正しくても、普通はこうは書きません。このとき、「あなた」を避けるために、受動態で書くことがあります。

　　　△この手順に従えば、すばやく商品のリストが作成されます。

　このように「あなた」を避けることが、日本語で受動態が多くなる一因といえます。受動態にしなくても、単に「あなた」を削除することもできます。

　　　△この手順に従えば、すばやく商品のリストが作成できます。

　しかし、「だれが」という動作主体は、文脈がないとはっきりしないので注意が必要です。ソフトが、ユーザーの代わりに自動的にリストを作成するのかもしれません。動作主体が明確で、誤読する危険がないことを確認する必要があります。

　動作主体があいまいになりそうだが「あなた」は避けたいときは、ソフトの説明書などでは「ユーザー」、顧客への案内パンフレットでは「お客様」のような言葉を主語にすると、自然に書けます。

　　　○この手順に従えば、ユーザーは、すばやく商品のリストを作成できます。

「は」や「が」をチェックする

　基本的に、「は」や「が」は1文に1回だけ使うようにします。多くの場合、その前にあるのが主語です。「は」や「が」が2回以上出てくる場合は、文としておかしいか、意味は通じるとしても文が理解しにくくなっている可能性もあります。

　　　×ヘルプは、Wordを含め、多くのソフトは、キーボードの上の列にあるF1

キーを押すと表示されます。
○Wordを含む多くのソフトでヘルプを表示するには、キーボードの上の列にあるF1キーを押します。

×人間にとって読みやすく誤解しにくい日本語と、機械が自動翻訳しやすい日本語は、方向性はかなり似ています。
○人間にとって読みやすく誤解しにくい日本語と、機械が自動翻訳しやすい日本語では、方向性はかなり似ています。

×書き手が意味がはっきりしないまま使うと、読み手にも正確な意味が伝わりません。
○書き手にとって意味がはっきりしないまま使うと、読み手にも正確な意味が伝わりません。

　「は」や「が」が文中に複数出てきたら、「てにをは」が正しいか、見直してみるとよいでしょう。ただし、これはあくまで原則です。機械的に「は」や「が」は1文に1回だけにすればいい、というものではありません。意味が分かりにくい場合は、チェックしたほうがいい、ということです。以下の文では、「は」は2回ありますが、特に誤解する可能性はありません。

　・当日は、雨具は不要です。

　「は」や「が」が1回しかない場合でもそうですが、2回ある場合は、特に、「は」や「が」の直後に読点を付けたほうが読みやすくなります。以下の文は間違いとはいえませんが、やや読みにくい点があります。

　△体言止めはできれば動詞にするほうが意味がはっきりします。

　読点を付け、言い方を変えて「は」や「が」を整理すると読みやすくできます。

○体言止めは、できれば動詞にするほうが意味を明確にできます。

　主語がない文では、「は」や「が」はないこともあります。ただ、主語がない文があまりに続くと、不自然になり、なにについて書いているのか、分かりづらくなります。

　「象は鼻が長い」という文も、特に誤解の余地はありません。ただ、この文は「象の鼻は長い」、「象は、鼻が長い動物だ」のように書くこともできます。

　以下のように、文が入れ子になっている「複文」では、「は」や「が」が2つあっておかしくありません。

・用語集が役立つのは、以下の場合です。

　「用語集が役立つ」と「〜は、以下の場合です」にそれぞれ主語があります。しかし、長い複文が多いと、読みづらくなることもあります。また、入れ子構造を3段階以上にすると複雑すぎるので、2段階までの入れ子にしたほうがよいでしょう。どちらの場合も、百半ルールにより、1文が100字を超えたら2つに分けることで、読みやすくできます。

　そもそも日本語に主語があるかないか、という議論は、興味深くはありますが、本書の範疇外です。本書で問題にしているのは、「分かりにくい文をどうしたら分かりやすくできるか」ということです。「主語」という考え方を使うと、理解しやすくなる場合と、逆に理解しにくくなる場合があります。少なくとも、翻訳では、主語を想定しないと、翻訳しにくくなります。

言い換えのテクニック

名詞を動詞にすると分かりやすくなる

文を分かりやすくするには、以下のリストのように、いくつかの言い換えのテクニックがあります。それぞれのテクニックについては、以下の項で説明していきます。これらの言い換えは、置換ツールでチェックし修正できることがあります（234ページを参照）。

言い換えのテクニック	
	名詞を動詞にする
	明快な表現で言い換える
	具体的な表現に言い換える
	簡潔な表現、柔らかい表現で言い換える
	指示語の内容を明確にする
	コーパスで用法を確認する
	押してだめなら引いてみる

　まず、**動作をむやみに名詞化しないこと**です。たとえば、「活動」という名詞に、「〜する」を付けると、「活動する」という動詞になります。このような語は、サ行変格活用（し・し・する・する・すれ・しろ）をするため、名詞は「サ変名詞」、動詞は「サ変動詞」と、それぞれ呼びます。サ変名詞とサ変動詞は、表裏一体といえます。

- 変更⇔変更する
- サービス⇔サービスする

サ変名詞は、「〜する」を付けてサ変動詞にすると、簡潔な文にできます。

×同様の事例について、多数の報告が行われました。
○同様の事例が、多数、報告されました。

　サ変名詞は、英語では、shoppingのように、動名詞などの「名詞化した動詞」に相当することがあります。英語でも、動名詞を動詞に変えると理解しやすくなります。サ変動詞、つまり動作として表せる言葉を名詞として使うと、抽象的な表現になりがちで、言い回しも複雑になります。名詞化することで「だれがなにをする」という点も不明確になります。

　以下のような言い換えもできます。

- 操作を行う→操作する
- 整理を実施する→整理する

　ニュース記事などの見出しでは、短く書く必要があるため、あいまいな表現になることもあります。特に見出しでは、動名詞の体言止めを使うことがありますが、そうすると意味があいまいになることがあります。

　IT系の記事で、以下のような見出しがありました。

- アップル、Macへの「Flash」のプリインストールを終了

　これはFlashというアドイン プログラムをすべてのMacにプリインストール（出荷時に事前にインストール）の作業を完了した、という意味ではありません。今後はFlashをプリインストールしない、つまり、出荷時に事前にインストールしないという意味です。以下のように書き直せば、意味がはっきりします。

- アップル、今後はMacに「Flash」をプリインストールせず

　上記の例に関連して、見出しの体言止めを動詞にすると意味を明確にできます（159ページを参照）。
　名詞を形容詞にすると分かりやすくできることもあります。「この箇所では、

文章の読みにくさが表れています」のように名詞にせず、「この箇所では、読みにくくなっています」と表現できます。

また、「提供する」という語は、英語のofferやprovideの訳語として、翻訳に限らずよく使われていますが、直訳的な印象を与えます。「サービスを提供する」、「情報を提供する」のような用例は問題ありませんが、「強化を提供する」、「改善を提供する」、「協力を提供する」など、しばしば乱用されています。「強化する」、「改善する」、「協力する」など、より簡潔で直接的に言い換えられます。「実現する」という言い換えもできます。

翻訳ソフトの直訳的な訳文を、人間の訳に近づけるように編集することは、この章で紹介している書き換えの良い練習になります。翻訳サイトや翻訳ソフトで英日翻訳をさせてみて、訳文をどう直したら自然な日本語になるか考えてみるとよいでしょう。

明快な表現で言い換える

複数の解釈ができる**あいまいな表現は、意味がはっきりする表現**に言い換えます。「～している」という表現は、その動作が進行中か、すでに完了したのか、あいまいなことがあります。

× 「法案を策定している」

という文は、以下のどちらかに言い換えると意味がはっきりします。

○ 「法案を策定中である」
○ 「法案をすでに策定した」

また、「テーブルの上に、私の写真があります」という文は、以下の2つのどちらかを意味していることがあります。

- 「私が撮影した写真」

- 「私が写っている写真」

会話では、どちらの場合かは文脈で分かりますが、文章ではどちらか明確にする必要があることもあります。

具体的な表現に言い換える

抽象的な表現は、具体的な表現に言い換える必要があります。以下のような書き方では、どのような影響があるかはっきり分かりません。

×この方法を使うと、処理に大きな影響があります。

以下のように「影響」の内容を具体的に書けば、分かりやすくなります。

○この方法を使うと、処理が大幅に遅くなります。

同様に、「変化する」という言葉も、それだけでは、どう変化するのか分かりません。読者は、良い変化なのか、悪い変化なのかが知りたいところです。読者の立場に立ち、読者がなにを求めているか、なにを知りたいかを意識すると、具体的な書き方が分かるはずです。

また「先月、新製品をリリースしました」という文の「リリースする」という言葉も、新製品について発表をしただけなのか、発売を開始したのか、あいまいです。「ローンチする」という言葉も同様です。カタカナ語の動詞であることも、避けたほうがよい理由になります。「リリースする」、「ローンチする」は、具体的に「発表する」、「発売する」などと書き換えたほうがよいでしょう。もっとも、翻訳の場合は、翻訳者ばかりの責任とはいえません。原文の書き方があいまいな場合は、翻訳もあいまいにせざるを得ないこともあります。

簡潔な表現、柔らかい表現で言い換える

より簡潔な表現、柔らかい表現で言い換えられることがあります。たとえば、

「することができます」、「可能性があります」という冗長な表現は、簡潔に書き換えられる場合があります。以下のような場合は、「できる可能性があります」などと書かなくても「できます」で十分です。

　　×フィルターで絞り込めば、表示する項目の数を少なくできる可能性があります。
　　×フィルターで絞り込めば、表示する項目の数を少なくすることができます。
　　○フィルターで絞り込めば、表示する項目の数を減らせます。

ただし、「状況に応じてすることがある」というニュアンスがある場合は、「できます」に置き換えられないことがあります。
　また、「〜を行う」は「〜する」と書くと簡潔にできることがあります。

　　△情報のやりとりが頻繁に行われます。
　　○情報が頻繁にやりとりされます。

　　△古いバージョンへの対応が行われています。
　　○古いバージョンに対応しています。

すべてを言い換える必要はありませんが、「〜を行う」を減らすと読みやすくできます。
　論文などで、「おける」という硬い表現を繰り返し使う人がいます。これは「での」に置き換えられます。

　　×総合学科における各教科・科目の履修等
　　○総合学科での各教科・科目の履修等

「おいては」は、「では」に置き換えると柔らかい表現になります。

×本論文においては、以下の実験を行った。
　〇本論文では、以下の実験を行った。

「ついて（は）」、「関して（は）」は、癖になる書き方の一つですが、関係があいまいになることもあります。「では」に書き換えると、より直接的な表現にできます。

　×英語については、シカゴ マニュアル、MLA、APAなどの厳密で詳細な表記規則が定められています。
　〇英語では、シカゴ マニュアル、MLA、APAなどの厳密で詳細な表記規則が定められています。

法律分野などでは、「するものとする」（することとする）という表現がありますが、これには「緩やかな義務」という特定のニュアンスがあるようです。しかし、このニュアンスは、その他の分野では、どれだけ通じるでしょうか。法律分野は、本書の直接的な対象ではありませんが、実務文章ではこの言い回しは高圧的になるので、使わないほうがよいでしょう。単に「します」として問題ないこともあります。

以下に、上記を含め、いくつかの言い換えの例をまとめます。細かいニュアンスが必要になることもあるので、常に機械的に置き換えられるとは限りませんが、冗長な表現は文を長くし、読みにくくします。

言い換え前	言い換え後
することができます	できます
できる可能性があります	できます
可能です	できます
必要がありません	不要です
最新と異なる	古い

おける	での
おいて（は）	では
ついて（は）	では
関して（は）	では
するものとします（することとします）	します

指示語の内容を明確にする

「それ」、「その」のような指示語は、必要な場合にのみ使い、なにを指しているかを明確にします。会話では、「それ」と言えば、対象物が目の前にあることもありますし、それまでの会話の流れで理解できます。家族や友人など、よく知った人どうしなら「それ」と言っただけでも通じます。しかし、文章では、指示語は、あいまいな文章、難解な文章の大きな要因となります。実務文章では、「それ」の数を減らすことです。次のような文は読みたくないものです。

× それは必要になりますが、それをするときは、このようにする必要があります。

どうしても「それ」が必要なら、指示する内容の直後に「それ」を使うようにすると、誤解を減らせます。書き手が自分では「それ」がなにか分かっていても、読み手に「それ」を理解してもらうのは大変です。また、多少くどくなっても、指示語を使わず、指示内容を繰り返すこともできます。

コーパスで用法を確認する

日本語の用法を確認するには、いくつかの方法があります。「正しい」かは、絶対的ではなく、「分かりやすいか」のほうがむしろ重要と以前にも書きました。しかし、変な日本語を使っていないか、気になることもあります。このような確認では、「コーパス」を使うことがあります。コーパスとは、文を大量

に集めたデータです。コーパスには、元になる文書の品質によって、良し悪しがあります。有料のものもありますが、無料のものもあります。1つの言語のみを含むコーパス、2つの言語を含む対訳コーパス（パラレル コーパス）、複数の言語を含む多言語コーパスもあります。複数言語では、文単位や段落単位で、各言語間の対応関係が付いています。ちなみに、実務翻訳者も、対訳コーパスを検索して、日本語やそのほかの言語の用法を確認し、翻訳作業に役立てています。**翻訳メモリー**と呼ばれる、対訳データベースを使って、類似の訳文がすでにある場合は、再利用します。また、**翻訳メモリー**は、訳文そのものの繰り返しがなくても、過去の訳例を参照して、表記を統一するためにも重要です。翻訳以外でも、翻訳メモリーの仕組みを応用して、日本語だけの文章の表記統一をする方法もあります。

　コーパスは必ずしも難しいものではありません。ウェブは、世界最大のコーパスでもあります。ただ、ウェブは、コーパスとしては玉石混交です。すばらしい文章がある一方、誤字だらけの文章、はては機械が自動的に生成した、言語としてはまったくデタラメの文章もあります。

　それでは、良いコーパス、利用価値が高いコーパスはどんなものでしょうか。一つには、**Google ブックス**[20]があります。書籍のスキャンをして公開しているもので、著作権者、出版社を巻き込み、許諾に関して物議を醸しました。著作権が失効した本や著作者が許可した本の全文が公開されており、検索できます。誤字・脱字、誤用もありますが、少なくとも、出版社で出版というふるいにかけられているため、だれでもいつでも書けるウェブ上の文章と比較すると、良質のコーパスとして役立つといえます。

　たとえば、「了解しました」という表現が実際の文脈でどのように使われているか調べたければ、http://books.google.co.jpで検索します。「混じる」、「交じる」、「雑じる」という表記をそれぞれ検索して、どれくらいの頻度で使われているか比較することもできます。Googleブックスの検索は、通常のGoogleの検索結果ページの左側に表示される「もっと見る」のリンクから「書籍」の

20　http://books.google.co.jp/

リンクをクリックすることでもできます（2012年2月現在はできますが、将来は仕組みが変わる可能性もあります）。

　もう一つの日本語コーパスは、**青空文庫**[21]です。青空文庫には、著作権が失効した、あるいは著作者が許可した日本語の文学作品や、日本語への翻訳を中心とするテキスト、全文が公開されています。この場合は、Google検索で、「サイトを限定して検索する」オプションを使って検索します。「site:www.aozora.gr.jp/cards "了解しました"」でGoogle検索すると、青空文庫の文学作品の中から用法を確認できます。siteの次のコロンの後にはスペースを入れません。注意する点は、良くも悪くも青空文庫には「著作権が失効した日本語の文学作品」、つまり著作者の死後50年が経過した古い名作が大半、ということです。新しい本や、実用書などはあまりありません。そのような書籍を対象にする場合は、Googleブックスの検索を使います。

　また、この「サイトを限定して検索する」オプションは、特定の企業や組織内で使われている用語や用法を確認するときにも使えます。

押してだめなら引いてみる

　表記方法では、1つの問題に対して複数の解決方法があることがあります。たとえば、語順を入れ替える方法と、読点で区切りを入れる方法は、両方とも使える場合と、どちらか一方しか使えない場合があります。

　例として、目的語などの語順を入れ替えることで明快にできることがあります。以下は、あいまいな文の例です。

　　×［名前］欄に追加する名前を入力します。

　この場合、入力した情報が追加される場所が、［名前］欄ではなく、「参加者リスト」だとすると、読み手は混乱する恐れがあります。この文を明確に書くには、いくつか方法があります。まず、追加先を明記してみましょう。

---

[21] http://www.aozora.gr.jp/

×［名前］欄に参加者リストに追加する名前を入力します。

これでも分かりやすくなったとはいえません。むしろ、問題は、語順のようです。以下の語順で書けば、混乱を避けられます。

○追加する名前を［名前］欄に入力します。

読点を入れても分かりやすくできます。

○［名前］欄に、追加する名前を入力します。

以下は、実際のコンピューターの周辺機器（ビデオ カード）の説明書にあった文を、一部修正した例です。

×コンピューターに書き込むBIOSイメージ ファイルを読み込みます。

これは、実際には「コンピューターにBIOSイメージ ファイルを書き込む」のではありません。BIOSイメージ ファイルを書き込む先は、「ビデオ カード」という部品です。専門知識があれば、あやふやな書き方でも、この内容を理解できますが、説明書とは、手順を分かりやすく説明するのが目的のはずです。このような説明書を書いていると、ユーザーが重大な操作ミスをしてしまいます。説明書を書いた企業がPL法に問われることもあるでしょう。パソコンならともかく、医療機器や航空機などでは、死亡事故につながりかねません。

この文では、読点を入れれば、意味のまとまりを区切ることができます。

△コンピューターに、書き込むBIOSイメージ ファイルを読み込みます。

しかし、「コンピューターに」と「読み込みます」が離れてしまいました。語順を変えれば、より明確にできます。

△書き込むBIOSイメージ ファイルを、コンピューターに読み込みます。

この文で重要なのは、コンピューターよりもBIOSイメージ ファイルです。重要な語を先頭に持ってくるのは、良い方法です。さらに、書き込み先である「ビデオ カード」を追加すると、説明書として分かりやすくなります。

　○ビデオ カードに書き込むBIOSイメージ ファイルを、コンピューターに読み込みます。

　また、文が長い場合は、1文を100字以内にすることで、入り組んだ修飾関係を減らせます。文が長くなり、修飾関係が複雑になると、誤読の可能性も増えます。文を短くすると、修飾関係も単純にできます。

文のレベルでの読みやすさのチェック リスト

　以下のチェック リストを使って、文のレベルでの読みやすさをチェックしてみてください。

☐1文が100字以内か
☐動作主体が一貫しているか
☐重要な語を文の始めのほうに持ってきているか（文の重先ルール）
☐受動態を使いすぎていないか
☐読点（テン）を入れると分かりやすくできないか
☐名詞を動詞にすると分かりやすくできないか
☐意味のまとまりが離れすぎていないか
☐指示語が指す内容は明確か

08 記号の意味と使い方
約物ってなに？

この章の主なポイント
- 記号（約物）にはさまざまな種類があるが、それぞれに役目がある
- 読点（テン）は、読みにくいときや、「は」や「が」の後に打つ
- カッコ、コロン、ダッシュを正しく使う

［ 記号には役目がある

　マルやテン、カッコなど、日本語ではさまざまな記号が使われます。これらの**記号には、それぞれ決まった意味と役目があります**。これらの記号は、特に校正の分野では、**約物**とも呼ばれます。文章作成時に、「なんとなく」使っている記号も、それぞれの意味を理解して使えば、文章を読みやすくできます。なお、名前が分からない約物の名前を知りたいときは、Microsoft IMEやATOKなどの日本語入力システムで、「きごう」、「てん」、「かっこ」などと入力すると、入力候補に正式な呼び方が表示されます。

　ご存じのように、昔の日本語には、今のようなマルやテンはなく、ずいぶん読みにくいものでした。今の日本語で当たり前のように使っている記号は、実はとても便利なものです。日本語はもちろんですが、ギリシャ語やラテン語も、古くは句読点や語の区切りがなく、単語はつなげて書かれていました。ロゼッタ ストーンに刻まれているギリシャ語などでも、単語の切れ目はありません。言葉は、読みやすいように少しずつ進化してきたのでしょう。

　現代の日本語で使われる記号は、英語や他の言語から輸入したものが多くあります。日本独自の使い方がされている記号も多くあります。このような記号は、「日本語しか使わない」という人でも、どのような由来か知っておくと参考になります。

　この章では、基本的な記号について確認しておきましょう。企業の公的なウ

ェブサイトや印刷される文書では、プロの編集者や校正者、DTPオペレーターによるチェックと仕上げがされる場合もあります。この場合、細かい表記については、他人に任せればいいわけです。しかし、そうでない実務文章のほうが圧倒的に多いでしょう。今は、パソコンのおかげで、だれでも自分で文書を作成するようになり、自分の文章は自分で責任を持つことが増えています。この場合、書き手が文書の立案をして、ワープロで作成して、仕上げまで最終的な責任を持つことになります。そのためには、書き手に、最低限の記号の知識も必要になります。

なぜ記号を統一する必要があるのか

　実務文章では、記号の種類、半角全角などは、一定の規則で統一します。そうすることで、文章の外観に統一感が出ます。また記号にはそれぞれ意味があるので、一定の規則がないと読み手が混乱します。実務日本語では、**和文中では、英数字と以下の例外を除いて、記号は基本的に全角で表記します**。記号だけ半角で表記すると、ひらがなや漢字とのバランスが崩れてしまいます。

和文中では全角で表記する記号	？！：()［］／
半角で表記する記号	.,

　疑問符（？）と感嘆符（！）は、実務文章では多用しませんが、宣伝や「よくある質問（FAQ）」のコーナーでは使うことがあります。？や！の後に次の文が続く場合は、？や！の後に全角スペースを入れます。？や！は文の末尾ではなく、単語の末尾に付くこともあるからです。以下はその例です。

- **謎の怪物？が目撃されたという情報があります。**

　ピリオド（.）とカンマ（,）は、原則として、和文中では使用しません。章番号の後に続くピリオドなどを表記する場合は、半角を使います。カンマは、

パソコンではデータやキーワードの区切り文字として使われることもあります。

　表記規則に従わずに、全角・半角を交ぜて記号を使ったらどうなるでしょうか。一見、表記規則に従わないほうが楽なように思えるかもしれません。しかし、楽に思えるのは、書いている間だけです。結果の文章では、見栄えがばらばらになって統一感がなくなります。それに気づいた後で統一しようとすると大変です。

　この問題は、紙の文書では気づきにくいことがあります。製本された書籍では、18ページと180ページを同時に開いて読み比べるようなことはあまりしません。電子文書ではそのようなことが簡単にできるので、表記のばらつきに気づきやすくなります。特に箇条書き、目次、索引などで、記号が連続して並んでいれば、違いがすぐに分かります。

　最初からきちんと方針を決めておかずに、執筆の途中で方針をころころ変えると、最初からすべて再チェックして修正することになり、さらに余計な時間がかかります。当然、チェックもれが発生する可能性も高まります。

　表記規則を決めておくと、ツールを使って文章を効率的にチェックできる利点もあります。たとえば、（　）のようなカッコは、開くカッコと閉じるカッコの対になります。カッコの半角全角を規則どおりに書くようにしていれば、開くカッコだけ、閉じるカッコだけの誤りをツールですばやくチェックできます。

　また、記号は、特定の種類の言葉を示すことがあります。たとえば、ソフトウェアの文書では、パソコン画面に表示される要素を「ユーザー　インターフェイス」と呼びます。これらは、［OK］ボタン、［新規作成］のように、［　］でくくって示すことがあります。［　］がないと分かりにくくなります。

　×保存をクリックしてください。
　○［保存］をクリックしてください。

　ユーザー　インターフェイスは、画面上の「部品」ともいえます。時計のネジなどの機械部品は大きさや形が決まっています。ユーザー　インターフェイ

スが正しい表記法かチェックするときも、すべてきちんと［　］で示されていれば、ユーザー インターフェイスの語のみを抜き出して、用語集のリストと比較してチェックできます。

　カッコを含む記号は、欧文やプログラミング コードなどでは別の意味になることもあります。シンプルな規則に従って、各種の記号を使い分け、全角・半角をきちんと区別していれば、問題点をすばやく見つけることができるので、チェックの時間を節約できます。もっとも良いシンプルな方法だけをしっかり身に付けていれば、間違い探しもとても楽になります。

　なお、Windowsパソコンでは、フォントの種類を「MSゴシック」にすると、スペースや記号での半角と全角の区別がしやすくなります。「MS Pゴシック」などでは見分けづらい場合でも、チェックをするときに、一時的に「MSゴシック」に変更すると、統一されていない箇所をすぐに見つけられます。

読点(テン)の打ち方は難しくない

　「句読点」とはよく聞く言葉ですが、句点と読点はそれぞれなにか、と聞かれてすぐに答えられるでしょうか。句点が「。」（マル）、読点が「、」（テン）です。実務日本語では、「．」（全角ピリオド）を句点として、また「，」（全角コンマ）を読点としては使いません。全角ピリオドや全角コンマは、半角ピリオドや半角コンマと区別が困難です。また、全角ピリオドや全角コンマは縦書きでは使えません。横書きの場合のみ全角ピリオドや全角コンマを使う規則を採用している組織もありますが、縦書きと横書きで句読点の種類を変えると、変換の手間がかかります。「。」と「、」で統一するほうが合理的です。

　テンの使い方の基本原則は、「読みやすくなるように打つ」ということです。英語では、コンマの必要性は厳密に決まっていますが、日本語では、テンは打っても打たなくてもよいこともあります。ただ、テンがないと読みにくくなる場合や、テンの有無によって意味が変わってくる場合は、打つ必要があります。

以下は、具体的な例です。

ひらがなが連続して読みにくいときに打つ

「しかし」、「なお」、「ただし」、「また」、「たとえば」のような、接続詞や接続詞に近い副詞などの、つなぎの言葉の後には、読点を入れるとより明確にできます。接続詞や接続詞に近い副詞は、ひらがなで書きますが、後に続く言葉もひらがなだと、ひらがなが連続して読みづらくなります。

×なおこれらの問題は修正済みです。
〇なお、これらの問題は修正済みです。

×またここでは以下の点にも注意してください。
〇また、ここでは以下の点にも注意してください。

詳細は省略しますが、一例として、Wordなどで「[ぁ-ん]{20,}」のような正規表現（ワイルドカード）を使えば、ひらがなが20字以上連続している箇所をチェックできます。

「は」や「が」の後に打つ

「は」や「が」の後にテンを打てば、主語がある文では、主語がどこにあるかをはっきりさせることができ、理解しやすくなります。短い文では、テンがなくてもあまり変わりませんが、修飾語が多い文、構造が複雑な長い文では、主語の後にテンがないと理解しづらいことがあります。そもそも、1文100字以内にしていれば、複雑な文を避けられますが、以下の文でも、テンがあったほうが読みやすくなります。

×カタカナ語は名詞以外の動詞や形容詞としてむやみに使用すべきではありません。

〇カタカナ語は、名詞以外の動詞や形容詞としてむやみに使用すべきではありません。

　また、「は」や「が」が複数ある複文では、テンを付けることで主語の位置を明確にできます。

　×「ような」はテンがないと誤解の原因になる要注意語です。
　〇「ような」は、テンがないと誤解の原因になる要注意語です。

　以下のように、主語がひらがなで、「は」や「が」の後にひらがなが続く場合も分かりやすくできます。

　×ひらがながあまりに連続すると、読みづらくなります。
　〇ひらがなが、あまりに連続すると、読みづらくなります。

　「は」や「が」は一度だけ（106ページ）というポイントも参照してください。

名詞を並べるときに打つ

　「米・コーン・スターチ」のような場合は、テンではなく中黒で名詞を列記すると、どれが複合語なのか分からなくなります。「米、コーン スターチ」のように、テンで区切ればはっきりします。これは、142ページのカタカナ複合語の表記と関係しています。なお、英語などではセミコロンを使って、複数の名詞ではなく、「複数の文」の列挙をすることもあります。しかし、日本語ではセミコロンは使いません。また、たとえ英語であっても、セミコロンでいくつも文を列挙するよりは、箇条書きにしたほうが見やすくなります。

修飾関係をはっきりさせるときに打つ

　文のどこがどこを修飾しているかをはっきりさせるために、読点を打つことがあります。正しい解釈は文脈で分かることも多いですが、誤読されることも

あります。

×ひらがなだけで書かれた絵本や日本語学習者向けの教科書
○ひらがなだけで書かれた、絵本や日本語学習者向けの教科書

この例の場合は、文脈を考慮しても、読点がないと、「ひらがなだけで書かれた」ものに、「日本語学習者向けの教科書」も含まれるのか、あいまいです。読点を入れると、意味を明確にできます。

読むだけならまだしも、翻訳する場合は、文を明確に解釈できないと翻訳しようがありません。

「ような」は、テンがないと誤解の原因になる要注意語です。以下は、2通りに解釈できてしまう文です。

×データベースのようなソフトのマニュアルを考えてみましょう。

マニュアルがデータベースに似ているのか、ソフトがデータベースに似ているのか、あいまいです。点を打つことで、どちらの意味かはっきりできます。

○データベースのような、ソフトのマニュアルを考えてみましょう。
○データベースのようなソフトの、マニュアルを考えてみましょう。

以下のような文の形容詞もあいまいです。

×新しいパソコン用電源が届きました。

以下のように書けば、明確にできます。

○新しいパソコン用の、電源が届きました。

「パソコン用電源」が新しい場合は、以下のように書くこともできます。

△新しい、パソコン用電源が届きました。

ただ、確かに意味としては、ここで点を打てば「パソコン用電源」が新しいことを示せますが、ややぎこちなさがあります。1つの文だけで意味を明確にしづらい場合は、追加の説明をしたほうがよいこともあります。

　以下の文は、どこが問題で、どうしたら明確にできるか、考えてみてください。

×絶対に安全な暫定規制値は超えている。

さまざまな記号の機能

カッコを使い分ける

　カッコにはいろいろな種類がありますが、それぞれ一般的な用途が決まっています。複数の種類のカッコをその場の思いつきで使うのではなく、それぞれの意味を定義して使いましょう。文章を書いている途中で、別の種類のカッコを使う必要が出てくることもあります。

　カギカッコは、「　」（カギカッコ）と『　』（二重カギカッコ）の2種類が多く使われます。

　カギカッコは、以下のようなさまざまな用途で使われます。

- 文中の特定の字句を強調する……例：いわゆる「常識」
- 文を引用する
- 会話部分を表す
- 意味のまとまりを示す……例：悪文の問題には、「適切な文脈があれば誤解しない場合」と「適切な文脈があっても誤解する場合」があります。
- ひらがな表記の語を示す……例：「いき」の美学

　太字などの書式が使用できない場合にも、強調の意味でカッコを使うことがあります。

一般原則としては、カギ カッコは必要な場合のみに使用します。意味を考えずにカッコを使いすぎると読みづらくなります。カッコは、文脈上、本来の意味とはニュアンスが異なる「いわゆる」という意味になることもあります。本来の意味とのずれは、文脈で理解できるように説明する必要があります。以下は、文部科学省のウェブサイトにある「これからの時代に求められる国語力について」という文章からの文です。

- 国語によって，これまで人類が蓄積してきた「知識や知恵」を獲得することができる。また，知識なくして「創造性や独自性」を求めることは困難であって，この点で，国語は各人の創造性などの根元的な基盤となっている。[22]

　この文の「知識や知恵」と「創造性や独自性」では、なぜ強調されているかの理由が示されていないため、カッコを付けてはいけません。これでは、やたらと強調が多い週刊誌の中吊り広告の見出しのようです。特に意味がないのに無駄にカッコを使うと、「なにか特別な意味があるのか」と読み手が混乱します。強調の意味で使う場合、なぜ強調されているのかの理由を示す必要があります。この文章は、論理が循環しているうえに、説明不足でもあり、悪文の好例といえます。

　二重カギ カッコは、文中で、本の題名を表すときに使います。

- 『銀河鉄道の夜』

絵画や彫刻の題名には、二重山カギ カッコ（《　》）を使います。

- 《真珠の首飾りの少女》は、フェルメールの作品です。

　『春』と書くと、解釈がいろいろできますが、《春》と書くと、ボッティチェリの絵であることが明確にできます。このように意味のある使い分けをすると、たとえば、自分がブログに書いた、ある美術作品のタイトルがどこにあるか思い出せないとき、二重山カギ カッコをたよりに検索できます。

---

[22] http://www.mext.go.jp/b_menu/shingi/bunka/toushin/04020301/002.htm

実務日本語では、基本的に和文中で、シングル クオーテーションとダブル クオーテーションは使用しません。代わりにカギ カッコと二重カギ カッコを使います。ダブル クオーテーションを使うのは、和文中に"English"のような欧米の単語や文を入れる場合です。カギ カッコとダブル クオーテーションは、カッコの意味を明確に区別せずにごちゃまぜで使われることが多いようです。ダブル クオーテーションを使う場合は、なんとなく使うのではなく、カギ カッコとどう違うのか、なぜ使う必要があるのか、決めてから使う必要があります。

　上記以外にも、隅付きカッコ（【　】）、山カッコ（〈　〉）などのカッコもあります。特に使い分けの方針を示さないまま、何種類ものカッコを使うのは見栄えが悪く、読み手も混乱します。厳密な説明が必要な場合は、カッコに特定の意味を持たせ、その意味を明記します。辞書の凡例では、さまざまなカッコの意味が明確に使い分けられています。

コロンとセミコロン

　日本語では「ある事柄と、その具体的な内容」を区切るときにコロンを使います。実務日本語では、全角コロンを使います。

例：「例：」、「時間：」、「場所：」

　英語では、一般的に、コロンやセミコロンの前にはスペースを入れず、後にスペースを1つ入れます。日本語では、全角コロンを使うのであれば、前にも後にも半角スペースは入れません。

　日本語では、コロンを句点の代わりには使いません。

×能動態を使うのは、次の場合です：

翻訳では、よく見かけますが、句点に置き換えるほうが自然です。

〇能動態を使うのは、次の場合です。

例外的に、ソフトウェアでは、コロンの後に数字や語句が来ることを示すため、このような書き方を許容することがあります。
　日本語では、原則としてセミコロンは使いません。英語では複数の語を並べる時はコンマ、複数の文を並べるときはセミコロンを使う、という用法もあります。しかし、複数の文をだらだらつなげるのは、そもそも読みにくくなる一因です。箇条書きにできるなら、セミコロンは使わないほうがよいのです。

ダッシュ

　和文では、見出しや語句の区切りなどに全角ダッシュ（―）を使うことがあります。しかし、ウェブ上の電子文書で全角ダッシュを使うと、まれに、文字化けの原因となることがあります。そのため、全角ダッシュをマイナス記号（-）や全角ハイフン（－）で代用することがあります。つまり、全角ダッシュの代わりにマイナス記号や全角ハイフンが使用されていても、誤りではありません。ただ、全角ダッシュを使って問題ない場合は、全角ダッシュを使います。全角ダッシュは2つ重ねて使うこともありますが、字数を減らしたい場合は、1つだけ使うこともあります。なるべく、どちらかに統一したほうがよいでしょう。
　欧米文字では、エヌ ダッシュやエム ダッシュと呼ばれる記号が使われていることもあります。エヌ ダッシュ（–）は、欧文アルファベットのnの幅と同じダッシュで、エム ダッシュ（—）は、mの幅と同じダッシュです。これらは、和文中では使いません。
　また、エヌ ダッシュやエム ダッシュは文字化けする場合もあるので、マイナス記号に置き換えるのが安全です。書式のないテキスト形式のファイルを、「プレーン テキスト」と呼びます。プレーン テキストで保存するとき、文字が正しく表示されるようにエンコードの形式を選択します。Windowsでは、エンコードの形式としてシフトJISが多く使われていますが、シフトJISでは、確実に表すことができるのは限定された日本語だけです。シフトJISのテキス

ト ファイルに、ある種の漢字、エヌ ダッシュなどの一部の記号、中国語やフランス語などその他の言語を含めると、文字化けします。テキスト ファイルでは、エンコードをUTF-8形式にすると、文字化けを防ぐことができます。

三点リーダー

　三点リーダー（…）は、実務文章では省略などの意味を持ち、「……」のように2つ連続して使います。見出しやPowerPointスライドのテキスト ボックスのように、収まりがよいように字数を減らしたい場合は、1つだけ使うこともあります。これは全角ダッシュと同じです。

　電子文書では、「・・・」のように中黒を3つ続けて三点リーダーとしていたり、「、、、」、「。。。」としたりする表記がよく見かけられます。これは三点リーダーという約物があることを知らないか、三点リーダーは知っていても入力方法を知らないために使われるようになったものと思われます。三点リーダーは、日本語入力システムで、「てん」と入力して、変換候補を探すと見つかるはずです。

　なお、「二点リーダー」（‥）という約物もありますが、ほとんど使われていません。

スラッシュ

　スラッシュ（／）は、和文では全角で表記します。「または」のニュアンスがあります。名詞を並べるときに、句点では意味があいまいになる場合に使えますが、多用はしないほうがよいでしょう。

09 ひらがなと漢字のバランスをとる

> **この章の主なポイント**
> - ひらがな、カタカナ、漢字などの文字種のバランスをとる
> - 送りがなは本則で統一する
> - 【分書ルール】カタカナ複合語は、分かち書きをする
> - 音引きは省略しない

[文字種のバランスをとって読みやすくする

　日本語では、ひらがな、カタカナ、漢字などの文字種のバランスをとると読みやすくできます。逆に言えば、ひらがな、カタカナ、漢字のどれかが、むやみに連続していると読みにくくなります。黙読だけでなく、文章を音読したときも、すらすら読めず、口ごもったり、読み違えたりすることもあります。たとえば、ひらがなだけで書かれた、絵本や日本語学習者向けの教科書は、一見、簡単なようでも、大人にとっては読みにくいことがあります。日本語では、同音異義語が多いため、漢字にしないと意味があいまいになる場合もあります。

　×先日、はじめてみました。
　○先日、初めて見ました。
　○先日、始めてみました。

「分かりやすい」のような一部の言葉は、漢字で書くとひらがなの連続を避けられます。

　△いざというときにはわかりやすいのではないでしょうか。
　○いざというときには分かりやすいのではないでしょうか。

なお、読点を入れることで読みやすくできることもあります。

○いざというときには、分かりやすいのではないでしょうか。

ただし、「分かる」の前に常に読点が入れられるとは限らないので、「分かる」は漢字で書いたほうが連続を避けられます。

以下は、官庁のウェブサイトでの実例ですが、書類や部署の名前で、漢字が連続していると読みづらくなります。

- 預貯金口座振替依頼書兼納付書送付依頼書
- 離島漁業再生支援交付金制度検討会

これは官公庁での実例ですが、「利用者のために分かりやすく書こう」という意思が感じられません。

以下では、「の」を語の間に入れてみましたが、「分かりやすく書かなければ悪文である」という意識が徹底しないと、根本的には改善できないでしょう

- 預貯金の口座振替依頼書兼納付書の送付の依頼書
- 離島漁業の再生支援交付金制度の検討会

半角スペースで分かち書きすることもできます。また、ひらがなが連続する場合は、読点で区切ることで読みやすくすることもできます（124ページを参照）。

漢字表記をひらがなにする場合

接続詞や副詞など、漢語でなくても意味が十分に通じる場合は、ひらがなで書いたほうが読みやすくなります。漢字をひらがなに「開く」という言い方をすることもあります。名詞や動詞をひらがなばかりにすると分かりづらくなることがありますが、逆に、接続詞や副詞まで漢字になっていると、漢字が続いて読みにくく、硬い印象になります。

以下は、漢字表記をひらがなで書く一例です。

漢字表記	ひらがな表記
又	また
但し	ただし
更に	さらに
若しくは	もしくは
及び	および
是非	ぜひ
何故	なぜ
〜して下さい	〜してください
出来る	できる
等	など

　「〜するほうがいい」という場合、「〜する方がいい」と書くと、「かた」と混同することがあります。「〜するほうがいい」の場合はひらがな、「〜する方（かた）もいます」の場合には漢字を使うと、2つを明確に区別できます。

送りがなは本則で統一する

　実務日本語では、送りがなは、内閣告示「送り仮名の付け方」に基づく、いわゆる「本則」に統一します。送りがながばらばらだと、検索する際に何通りも試す必要が出てきます。同じ言葉でも、以下のように異なる送りがながあります。

- 組み合わせる（本則）
- 組合わせる
- 組合せる

　電子文書では、日本語入力システムの設定で、送りがなを本則に統一できま

す。日本語入力システムでは、入力するときにのみ統一できるという点に注意が必要です。すでに入力済みの文書では、Wordや一太郎の文章校正機能で、送りがなを「本則」、「公用文」、「チェックなし」のどれかの規則に沿っているかをチェックできます。さらに徹底的にチェックする場合は、置換リストとチェック ツールを使います（234 ページを参照）。

似た言葉でも、名詞の場合は「書込み」、動詞の場合は「書き込んだ」のように使い分けるスタイル ガイドもあります。これは、明確な利便性がない一方で、文書作成や検索するときに、煩雑になるので避けるべきです。ただし、本則では、「取引」、「割引」などは、慣用的に送りがなを付けないことになっています。

本則では不都合があると指摘される例の一つに、「行った」の表記があります。これは「おこなった」、「いった」のどちらにも読めます。ただ、文脈があれば誤読する可能性は高くありません。また、「行った（おこなった）」では、たとえば「操作を行った」、「調査を行った」のように、前に動作の名詞が来ますが、これは「操作した」、「調査した」のように、より簡単に書くほうがよいといえます。つまり、「行った（おこなった）」という語自体を、避けたほうが簡潔に書けます。また、「表す」も、「あらわす」、「ひょうす」の2通りに読めます。「ひょうす」の読みは「敬意を表す」などで使われます。どちらで読んでも、意味的に誤解することは少ないでしょう。

10 カタカナの扱い方

> **この章の主なポイント**
> - むやみにカタカナ語を増やさない
> - 名詞以外ではカタカナ語は避ける
> - 【分書ルール】カタカナ複合語は分かち書きをする
> - 音引きは省略しない

[むやみにカタカナ語を増やさない

　カタカナ語は、使いすぎないように注意する必要があります。ここでのカタカナ語とは、「ケータイ」など漢字をカタカナで表記する語ではなく、主に、外来語でカタカナ表記をする語を指します。
　カタカナ語は、専門性のある実務文章では、非常に多く使われますが、文章を分かりにくくする原因の一つです。
　カタカナ語は、以下の場合に使用します。

1. 日常語で、広く通用しているカタカナ語（例：リゾート、テレビ、カタログ）
2. 漢語にすると分かりにくい場合（例：蹴球→サッカー、倫敦→ロンドン）
3. 専門用語などで、カタカナ語により特定の意味を示す（例：IT分野での「プロセス」、医療分野での「エビデンス」）

　安易にカタカナ語にせず、読んで意味が通じる漢語を使う必要があります。英日翻訳された技術文書が、非常に読みにくいことがありますが、その原因の一つが、カタカナ語の羅列です。「モバイル　コンピューティング」という表現が出てきたときに「コンピューティングとはなにか」と聞かれて、即答できるでしょうか。翻訳を通じて入った言葉や、日本語での定訳がない新語では、日本語の適切な訳が見つからない場合にカタカナのままにすることがあります。

しかし、カタカナ語には、いろいろと問題があります。

　第一に、カタカナ語を使うと、外来語の元の言葉が区別できないことがあります。たとえば、英語のrとlが同じラ行になり、「リーディング」と書くと、leadingかreadingか分かりません。「グラス」では、grassかglassか分かりません。問題はrとlだけでなく、「レイジング」だとraisingとragingも区別できません。

　第二に、カタカナ語には、元の言葉の綴りが同じでも、複数の意味がある言葉があります。ソフトウェアの翻訳は、ローカライゼーションまたはローカリゼーションともいいますが、カタカナ語が特に多用されます。たとえば、メモ取りソフトEvernoteのメニューで使われている［フォーマット］という語は、formatをそのままカタカナ語にした訳語です。formatという語は、「ファイル形式」、「書式設定」、「初期化」など、文脈によってまったく違う意味になりますが、「フォーマット」とカタカナにすると、ユーザーにはどの意味なのか分かりません。ITの例として、Adobeのソフトでは、ウィンドウの操作について、arrangeという原語に対して「アレンジ（する）」というカタカナ語を訳語として使ったために、分かりにくくなっています。「ウィンドウをアレンジする」と言われても意味不明です。ウィンドウについては、「整列（する）」という言葉を使えば、分かりやすくなります。「オリジナル」もあいまいな語です。「オリジナル文書」という場合、複製の元になる文書だからオリジナルなのか、著者の独自性があるからオリジナルなのか、文脈があっても判断しづらいことがあります。

　第三に、カタカナ語からは、意味を推測することが困難です。カタカナ語は、専門家にとってはすんなり理解できても、読み手にとっては理解しにくいことがあります。「アクセシビリティー」という言葉があります。これは建築物やソフトウェアなどがだれにでも利用しやすい配慮がされているかという度合いを示します。しかし、この言葉自体は、アクセシビリティーを必要としている人、たとえば高齢者にとって意味を理解しやすいとはいえません。いくら「こ

の建物はアクセシビリティーに配慮しています」と壁に書いてあっても、通じないでしょう。

あえて使う必要のないカタカナ語の例を、IT分野から挙げます。

- ストラテジック
- パブリシティー
- プロダクティビティ

同じ言葉を漢語で書いてみます。

- 戦略
- 宣伝
- 生産性

漢語のほうが、直観的に意味が分かりやすくはないでしょうか。

以下の表に、IT分野でのカタカナ語を漢語に言い換える、その他の例を示します。漢語だけにするとむしろ分かりづらくなる「アドレッシング」のような語は、カタカナ語と漢語を組み合わせて「アドレス指定」とすることもできます。どちらが理解しやすいか比べてみてください。意味を正確には理解できなくても、言い換えた例のほうが、イメージが伝わりやすいはずです。

カタカナ語を言い換える例

カタカナ語	全部、または一部を漢語に言い換える例
コンフィギュレーション	構成
イニシャライズ	初期化
イネーブル	有効化
プリファレンス	設定
アドレッシング	アドレス指定

フラグメンテーション	断片化
プロテクション	保護
デベロップメント	開発
クオリティー	品質
コンバート	変換
サーチ	検索
ベスト プラクティス	最善慣行

　カタカナで表記することが適切な場合もあります。専門的な意味や特定のニュアンスが必要な場合です。また、ニュアンス、アイデンティティーのように、すでに定着している単語の場合は、カタカナ語のほうが通りがよいこともあります。

　いくつかの言葉には、場合による使い分けが必要です。「アクセシビリティー」の場合には、公共政策の専門的な文書では使わないと不便かもしれませんが、一般向けには表現を工夫するなどの配慮が必要です。「だれでもトイレ」は、当初は東京都の条例で使われた名称で、高齢者、妊婦、車いす使用者、そしてそれ以外のだれでも、多用途に使えるトイレです。同じ東京都で使われている「防災船着き場」よりははるかに分かりやすく、適切な名称といえます。動画ソフトで使う「ビジュアル エフェクト」は「視覚効果」としたほうが分かりやすいですが、エフェクトという言葉が、あるソフトでの特定の処理を示している場合は、カタカナで書く必要があるでしょう。ルールと規則、コストと費用、リスクと危険などは、いずれもカタカナ語と漢語では、文脈によってニュアンスの違いがあります。

　カタカナだと、なぜ意味が分かりにくいのでしょうか。漢字は音と意味の両方を持つ文字ですが、カタカナやアルファベットには音しかありません。アルファベットの場合は、原語の接頭辞、接中辞、接尾辞、語根の知識があれば、単語を効率的に覚えたり、見たことがない言葉でも意味を類推したりすること

ができます。たとえばplaintiffという単語の、plain-がcomplain（訴える）の-plainと同じということを知れば、plaintiffが「原告」であることをすぐに覚えられます。しかし、カタカナ表記された外国語の場合は、元の綴りから離れてしまうために、類推しにくくなります。発音と表記に大きな違いがある語なら、なおさらです。最初から知っている言葉しか理解できません。この点、漢語は、まったく初めて見る語でも意味が推測できます。

　では、なぜ執筆者や翻訳者はカタカナ語を使うのでしょうか。カタカナ語を使うと、発音を移すだけで、楽に訳せるからです。本来ならば、自然な日本語にするには、原文を完全に理解し、特定の文脈での意味を考え、適宜「訳し分け」を考える必要があります。しかし適切な訳語を選ぶには、時間がかかります。たとえばstorageにはさまざまな意味がありますが、記憶装置、記憶域、保管などの訳語を使い分けずに一律に「ストレージ」としてしまえば、翻訳者は楽です。そして翻訳者が楽をした分、読み手にツケが回り、どの意味かと迷うことになります。他にもorientationを「向き」や「方向」と訳し分けずに、一律に「オリエンテーション」と訳して、意味が不明確な訳文になることもあります。また、カタカナで書くと、「なんとなくかっこいい、他の人が使っておらず個性的」という理由もあるでしょう。場合によっては、このことを活かすこともできますが（218ページを参照）、これだけが理由で、意味がよく分からないカタカナ語が増えるのは望ましくありません。

　カタカナ語でないからといって、漢語ばかり羅列しても読みにくくなります。**自分では使ったこともないし、意味も説明できない言葉は使わないほうがよい**でしょう。アカウンタビリティー、カウンターパート、ガバナンスなどやたらにカタカナ語を連発して周囲を煙に巻く政治家もいます。重要なのは「読み手が理解しやすいか」ということです。そのためには、自分の使っている言葉について問題意識を持ち、健全な言語的バランス感覚を維持する必要があります。専門用語ばかり使っていると、一般の人にきちんと通じるか、という配慮が欠けてしまうことがあります。Googleで検索すれば、どの表現が実際に

広く使われているかを、すぐに調べることができます。数件しか使われている実例がない言葉を使っていることもあります。ただし、最近は「避けたほうがよいカタカナ語」でも数万語単位でヒットすることもあります。執筆者が自分の基準をしっかり持って、判断する必要があります。複数の書き手がいる企業で、カタカナ語の使いすぎを防ぐ現実的かつ確実な解決策は、「どの言葉を使うと分かりやすいか」を用語集で決め、用語チェック ツールを使うことです（232 ページを参照）。

名詞以外ではカタカナ語は避ける

　カタカナ語は、名詞以外の動詞や形容詞としてむやみに使用すべきではありません。カタカナ語は、英語などの元の言語とはしばしば異なる意味で使われています。元の言語での名詞形を元に、日本語で活用すると、英語での動詞形とは違った形になってしまいます。たとえば、「サービスする」は一般化していますが、英語ではserviceの基本的な動詞形はserveです（動詞としてのserviceもありますが）。

　「コミュニケーションする」という言い方は慣用的です。しかし、communicationの動詞形はcommunicateであり「コミュニケートする」と書くのが正確ともいえます。このように元の言葉の活用と日本語の活用を一致させようとしてもうまくいかず、妙な表現になりがちです。

　IT分野では、通信などがセキュリティーの仕組みにより保護されている状態をsecureという形容詞で表します。これを、「セキュアな」と形容動詞で訳すことがあります。ただ「安全な」という訳語では専門的なニュアンスが伝わらない可能性があるからです。ただ、これは不自然さが残るので、「セキュリティー保護された」という訳も使われます。この場合だと、やや長くなるものの、カタカナ語そのものを活用させずに済みます。

　形容詞では、「コンパクトな」、「スムーズな」は日本語として一般的です。「フ

レッシュな」も許容範囲でしょう。しかし「エクセレントな」、「ブリリアントな」という表現の多用は、広告用の媒体でない限り、気取った印象を与え、読み手の反発を招くこともあります。

【分書ルール】カタカナ複合語は分かち書きをする

カタカナ複合語は、アナログ サウンド、ボージョレ ヌーヴォーなど、複数のカタカナ語からなる言葉です。

カタカナ複合語をどう区切るかについては、現状では、いくつかの方法が行われています。実務日本語では、カタカナ複合語は半角スペースでそれぞれの要素を区切って表記します。これを「分書ルール」と呼ぶことにします。分書ルールは、本書の中でも、もっとも急進的な提案ですが、単一の表記法で統一する場合は、以下の理由から分かち書きが合理的と考えられます。

カタカナ複合語の問題

実際に見かけた例ですが、ビールのラベルに「米・コーン・スターチ」と書いてありました。お手元にビールがありましたらご確認ください。これは、コーンとスターチでしょうか。それともコーン スターチでしょうか。

また、「オーディオ プレーヤー」のようなカタカナ複合語についてはどう表記すればいいでしょうか。外国の人名、地名や学名、動物名などでは、長いカタカナ複合語がたくさんあります。カタカナ複合語の表記方法には、主に以下の5種類があります。

1. 常に中黒を入れる。例：ポータブル・デジタル・オーディオ・プレーヤー
2. 区切らない。例：ポータブルデジタルオーディオプレーヤー
3. 分かち書き（半角スペースで区切る）。例：ポータブル デジタル オーデ

ィオ プレーヤー

4. 長い複合語には中黒を入れる。例：ポータブル・デジタルオーディオプレーヤー
5. そのときの気分で決める。例：ポータブル・デジタルオーディオ・プレーヤー

これらの方式には、それぞれ特徴があります。

1. の、中黒を常に入れる場合は、それぞれの語の区切りが見やすくなりますが、中黒が多いと目障りに感じられることもあります。

2. は、すっきりとはしていますが、すべてつながっているために切れ目が分かりにくく、読みにくいこともあります。

3. は、マイクロソフトなどで採用されている表記方法です。「マイ ドキュメント」、「マイ コンピューター」など、WindowsやOfficeではそうなっています。

4. は、新聞社などで採用されています。この例では「ポータブル」、「デジタルオーディオプレーヤー」で意味的なまとまりがあるとして、区切りを入れています。しかしその判断基準は固定的なものではありません。この例にしても1つの例でしかなく、他の区切り方も考えられるため、表記にばらつきが出るという問題があります。

5. は、論外と言いたいところですが、実際にはかなり見られます。特定の方針に基づかず「ただなんとなく」中黒を付けているだけです。

区切りなしの問題点

カタカナ複合語で、区切りなしではどのような問題があるかもう少し詳しく見てみましょう。

区切りがないと、電子文書を検索するとき、関係ない検索結果が増えてしまいます。区切りがない表記の電子文書で「マイコン」を検索すると、「マイコン」と「マイコンピューター」の両方が見つかります。前者はマイクロ コンピュー

ターのことで、後者とはなんの関係もありません。

　また、「プリマドンナ」のような語はどこで切れるか分かりづらくなります。この語は、「プリ」＋「マドンナ」だと思っていませんか？　これは「プリマ」＋「ドンナ」です。ダウンロードの元の英語が"down load"だと誤解されていることもあります。これは"download"という1語です。同様に、本書の書名の「スタイルブック」という言葉も、"stylebook"という1語です。逆に、スイートピーは"sweetpea"ではなく、"sweet pea"です。外来語の元の区切りと一致するように分かち書きをすることが普及すれば、このような勘違いもなくなります。

　区切りがないと、電子文書でさまざまな支障があります。以下の語は、どこで区切れるかすぐに分かりません。何カ所区切りがあるか、何秒で分かりますか？

　　×ドライデオドラントメッシュクルーネック
　　×エクストラショットライトホイップトフィーナッツラテ
　　×インテリジェントパンチルター
　　×マスクタイププロトラクター
　　×オクルーザルスプリント
　　×トルコリラ
　　×アフリカダニチフス

　人間にとっても機械にとっても、やはりこれは読みづらいのです。どこで区切れるか分かりづらければ、意味も分かりづらくなります。

　以下のように区切ると、読みやすくなります。

　　○ドライ デオドラント メッシュ クルーネック
　　○エクストラ ショット ライトホイップ トフィー ナッツ ラテ
　　○インテリジェント パン チルター

○マスク タイプ プロトラクター
○オクルーザル スプリント
○トルコ リラ
○アフリカ ダニ チフス

　なお、「ドライデオドラントメッシュクルーネック」と区切っていないのがユニクロの商品名で、「エクストラ ショット ライトホイップ トフィー ナッツ ラテ」のように分かち書きをしているのがスターバックスの商品名です。「インテリジェントパンチルター」はソニーの商品名で、区切りはありません。「マスクタイププロトラクター」と「オクルーザルスプリント」は、歯の矯正に使う医療器具の名称です。「トルコリラ」はトルコの通貨、「アフリカダニチフス」は病名です。

　自然言語処理と呼ばれる技術が、電子文書の検索、日本語入力システム、自動翻訳、音声認識、音声合成による読み上げなどで使われています。一般に、文は、意味を持つ最小限の単位まで分解できます。「分解できます」は「分解」＋「でき」＋「ます」です。このような最小単位を「形態素」といいます。自然言語処理をするときは、文を形態素に分解します。これを「形態素解析」といいます。「エクストラ」は、普通は「エクス」と「トラ」には分割しません。誤った分割をすると、自然言語処理は解釈を誤ることになります。ドライデオドラントメッシュクルーネックのように、区切りがない長い言葉だと、この形態素解析に失敗したり、時間がかかったりします。

　また、パソコンでは、写真、記事、映像、商品などさまざまな情報を、キーワード（タグ）を付けて整理や検索をすることがあります。英語でのキーワードは、たとえばdigital audio cableのようになります。欧米の言語では単語が独立しているので、digital audio cable全体や、digital、audio、cableのどれか、またはその組み合わせでも検索できます。しかし、日本語では、「デジタルオーディオケーブル」というキーワードだと、デジタル、オーディオ、ケーブルが

それぞれキーワードとして認識されないことがあります。「デジ**タル**オーディ**オケ**ーブル」という語には、「タル」や「オケ」という語も含まれますが、このような関係ない言葉は、偶然入っているだけで、欲しい情報を検索するときはむしろじゃまになります。

　区切りを入れるのは、「ソフトのための措置」ではありません。区切りを入れることで、人間にとって読みやすくなることに加えて、ソフトが正確に処理でき、結局は、人間の利用者が、便利に使えるようになります。

　カタカナ複合語の区切りがないと、海外出身の日本語学習者にはやっかいです。単独のカタカナ語だけでも、元になる英単語などを知っていてさえ、「カタカナ発音するとこうなる」ということが分かりません。区切りのないカタカナ複合語は、日本人にも読みにくいものですが、日本語学習者には、何度も読み直さないと理解しにくい言葉でしょう。

　また、英語では、長い語にハイフンを付けて折り返すことをハイフネーションと呼びます。日本語にハイフネーションはないので、長いカタカナ語に区切りがないと、以下のように、意味的に中途半端なところで自動的に折り返されることがあります。

　オフィスス
　イート

　少なくとも分かち書きか中黒で区切られていれば、区切る箇所がはっきりして、誤読を防げます。

中黒の問題点

　カタカナ複合語に「中黒を入れる場合」にも、いくつかの課題があります。もう一度まとめると、以下のようになります。

- 「米・コーン・スターチ」や「ポスター・スライド」のように、複数の単

語を列挙しているのか、全体で1語なのか分かりにくい
- 「エクストラ・ショット・ライトホイップ・トフィー・ナッツ・ラテ」、「ポータブル・デジタル・オーディオ・プレーヤー」のように数が多いと目障り

多くのスタイル ガイドでは、中黒をどう表記するかの指定がありますが、明確な規則はありません。「必ず中黒を入れる」という規則を徹底すると、目障りというのが一因でしょう。そのため、どうしても「必要と思われる箇所に入れる」という、主観的であいまいな表記になります。その結果、中黒を入れる語と入れない語が混在して、**見栄えが統一できず、一貫性がなくなります**。

たとえば、「2語の連続は省略し、3語の連続は中黒で区切る」というスタイルの会社があります。

この場合、以下の用語表記が混在することになります。

×ユーザーインターフェイスとグラフィカル・ユーザー・インターフェイス
×イジェクトキーとメディア・イジェクト・キー

中黒は、カタカナ複合語を区切らないときと同じように、見栄えだけではなく、文書の検索、編集、自動翻訳処理などの面でも問題になります。たとえば、中黒の表記が統一されていないと、「ニューサウスウェールズ」を検索しただけでは「ニュー・サウス・ウェールズ」という語を見つけることができません。「ニュー・サウスウェールズ」、「ニューサウス・ウェールズ」のように、中黒の位置の、すべての組み合わせを全部入力して検索する必要があります。最近の検索機能は以前より賢くなっていますが、それでも任せきりにはできません。

紙の文書では、厳密に統一されていなくても、人間は気づきませんでした。しかし、電子書籍を含む電子文書で、検索、編集、共有、再利用などのさまざまな活用を考えると、**従来よりも厳密な表記の統一が必要**です。

結局、どの表記方法が良いのか

カタカナ複合語については、結局、どの表記方法が望ましいでしょうか。以下の表に、利点と欠点をまとめてみました。

	分かち書き	中黒	区切りなし
例	ポータブル デジタル オーディオ プレーヤー	ポータブル・デジタル・オーディオ・プレーヤー	ポータブルデジタルオーディオプレーヤー
利点	○意味で区切られ、読みやすく、誤読しにくい ○区切りの数が多くても、一貫して使える	○意味で区切られ、読みやすく、誤読しにくい ○普及している	○普及している
欠点	×まだ普及していない ×縦書きでは違和感	×中黒の数が増えると目障り ×「長い場合のみに付ける」と一貫性がない	×読みづらく、誤読の危険がある ×検索、音声読み上げ、自動翻訳などで問題がある
単語選択	単語ごと	単語ごと	文字ごと

カタカナ複合語に関しては、総合的に考えて、**実務日本語では、分かち書き方式（分書ルール）を採用します**。電子文書としては、もっとも合理的と考えられるからです。カタカナ複合語が長くなり、区切りが多くなると、中黒を入れても区切りなしでも問題になります。分かち書きは、徹底的に行っても、中黒のように目障りになることはありません。一貫性が保てるということは重要

なことです。また、分かち書きしてあれば、区切りなしのように読みにくくなることもありません。さらに、ワープロなどでは、単語単位で語句を選択しやすく、また、検索や翻訳ソフトなどを使うときに、単語としての切れ目が明確になります。個人のレベルよりは、企業や組織の表記基準として使うことで、利点が活かせます。

　分書ルールを採用することで、個々の言葉をキーワードとしてより正確にできます。「オーディオケーブル」を「オーディオ ケーブル」と表記すれば、「オケ」というキーワードで検索したときに引っかからないようにできます。

　分かち書きの課題の一つは、現時点では、まだ広く使われていないということです。特に外国人名では中黒で区切ることが一般化しています。理屈からすると分かち書きに利点があるからといって、すぐに普及することはないでしょう。また、分かち書きは、縦書きでは通例として使われていません。しかし、これは単に慣れの問題かもしれません。日本語に初めて句読点が使われたとき、初めて口語体が使われたとき、初めて横書きが使われたときなど、いずれも最初は、見慣れない奇妙なやり方と思われたはずです。また、実務文章は、横書きが基本ですので、大きな問題にはならないでしょう。

　電子文書の活用を視野に入れたうえで、総合的にカタカナ語の表記方法を考え直してみる必要があるかもしれません。なお、カタカナ語でなくてもよい箇所は、漢字表記などにすることで中黒の問題を回避する方法もあります。先ほどの例では「携帯型デジタル オーディオ プレーヤー」などと表記すれば、中黒を1つ減らせます。また、Microsoft IMEやATOKでは、日本語入力中はスペース キーでは全角スペースが入力されることがありますが、半角スペースを常に入力するように設定を変更できます。

人名の表記

　日本人名の姓名は、誤読を防ぐという実際的な理由から、分かち書きされていることがあります。カタカナ語だけでなく、図書館の蔵書記録の著者名や、テレビ東京、東京MXなどの放送局のテロップでも、「武者小路　実篤」のように、日本人名の姓名の間を空けていることがあります。武者小路実篤を知らないのは別の問題かもしれませんが、一般人の名前では、誤読する危険はかなり大きいといえます。かといって、区切るために「武者小路・実篤」のような表記はしないでしょう。分かち書きは、すべての分野で浸透しているとはいえませんが、現実には使わざるを得ない状況があります。

音引きは省略しない

　実務日本語では、カタカナ語の語尾の音引き（「ー」、長音記号）は、省略しません。古いJISや学術用語を根拠に、技術文書、特に機械・工学分野では4文字以上（ユーザ、センタ）、IT分野では5文字以上（ユーザー、マネージャ）の音引きを省略するよう表記規則を定めていることがあります。しかし、現在は、音引きを省略する積極的な理由はありません。マイクロソフトは、2008年に従来の表記規則を改め、内閣告示に基づいて、従来は「コンピュータ」としていた表記を「コンピューター」などと改めました。しかし、少なくともマイクロソフトに関しては、「セキュリティ」、「メモリ」、「レガシ」など、例外が多数あり、分かりやすいとはいえません。なぜこれらの語では音を伸ばさないのか。もし理由があるとしたら、そのつど説明が必要になり、やっかいです。「音引きを省略しない」とシンプルな規則にすれば、迷わずに済みます。

　内閣告示といっても、内閣府、内閣官房はもちろん、官庁のウェブサイトは、まったく従っていないのが現状です。というより、一部が公用文を使っている

ほかは、官庁のウェブサイトには、明確な特定の表記基準がそもそもないようです。しかし、内閣告示とは一切関係なく、音引きを省略しないほうがよい理由は多数あります。まず、「省略する場合」を規定すると、複雑になります。技術文書以外の一般文書では、音引きを省略しないことが多いのも理由の一つです。同じ企業でも、一般消費者用の文書では、わざわざ音引きを省略しないように、技術文書とは別の表記規則を使っている場合もあります。このようないくつも表記規則を定めると、表記規則が徹底されない原因になります。

そもそも、「エネルギ」、「シアタ」、「ウェイタ」と書くでしょうか。「チャリティ」や「プライバシ」とも書きません。ある箇所では、「センタ」と書いておきながら、「エネルギ」とは書かない――このように一貫性がないものは規則とは呼べません。

カタカナでの原音発音表記には限界があります。英語では、waterを「ウォーター」、coffeeを「コーヒー」と言っても通じないことが多いでしょう。Little Red Schoolhouseを、アメリカ英語に似せたカタカナで書くと、「リロレッスクーハウス」になります。このような限界を踏まえると、細かい使い分けをするより、音引きを一切省略しないことで見かけの表記を統一するほうが、利点が大きいと言えます。

また、以下の語で音引きを省略すると、意味を混同します。

- ドラマとドラマー（dramaとdrummer）
- ハッカとハッカー（「薄荷」とhacker）
- ハッピとハッピー（「法被」とhappy）
- マナーとマナ（mannerとmana）
- ミラーとミラ（mirrorとMilla）
- ルビーとルビ（どちらもrubyだが、前者は宝石、後者は読み方を示す）

語尾の音引きはすべて伸ばすように統一すれば、間違えずに済みます。

11 文書の構築法

> **この章の主なポイント**
> - 実務文書は書くのではなく「構築する」
> - 起承転結ではなく段落で考える
> - 要点を簡潔にまとめる
> - 【段落の重先ルール】段落内の最初の文を「キー センテンス」にする
> - 文をつなぐ接続詞は、機能を考えて使う

実務文書の組み立て方

実務文書は書くのではなく「構築する」

　実務文書は、書くのではなく「構築する」ものだといえます。多くの実務文書がワープロで作られている電子文書である以上、「書く」というのは、すでに比喩でしかありません。しかし、ワープロのせっかくの特性が活かされていないこともあります。ワープロ ソフトは、使いこなせば非常に便利な道具ですが、ワープロでの電子文書の組み立て方は、手書きと異なる点があります。ワープロでは、文書を線的に書く必要はありません。紙で書く際は、最初から最後まで順番に書くのが基本でした。しかし、ワープロを使えば、順番にとらわれる必要はありません。書く内容のアイデアが見つかったら、すぐにメモしておき、そのメモを組み合わせて、文書を組み立てていくことができます。机の前に座ったら、書くことがすべて一気に頭の中から出てくる人もいるでしょう。私はそうではないので、断片的に浮かぶアイデアを拾い集め、つなぎ合わせて、大きな文書にまとめています。むしろ、電子文書では、「最初から最後まで順番で書いただけ」では不十分です。文書を練る過程では、文や段落の順番を自由に入れ替えることができます。またそうすることで、文書をより分か

りやすく、より整理されたものにできます。

　説明の順序は、物事を分かりやすく伝えるときに重要です。文書が見出しの付いた項や章ごとにまとめられて、構造化されていると、項や章の順番を入れ替えて、より分かりやすい順番にできます。これについては、「アウトライン機能と見出しで文書を構造化する」（167 ページ）を参照してください。

　今でも「ワープロを使うと文章を書く力が弱くなる」という主張がされることがありますが、まったく的外れです。確かに、手書きをしないと漢字を書く能力は衰えてしまいます。しかし、ワープロを使えば、文書の構造を把握し、読みやすく練り直すことができます。そのためには、ワープロに適した文書構築法を、きちんと身に付ける必要があります。

論理的に文書を構築するには

　文章を論理的に書くということは、当たり前のようで、実践されていないことが多いものです。論理的に書くということは、一つ一つの言葉の積み重ねです。サッカーやバスケで、ボールをドリブルするように、一つの筋を逃さないように、続けていく必要があります。「読み手」という相手のことを考えるなら、ドリブルというよりはむしろキャッチボールといえます。しかし、文章では、会話のようにすぐに返事は返ってこないので、見えない相手とするキャッチボールかもしれません。相手が見えなくても、問題意識の球筋は想定する必要があります。また、こちらのボールが返ってこないからといって、手抜きせず、しっかり受け取ってもらえるようボールを投げる必要があります。

　電子メールでだれかになにかを質問して、相手から返事をもらったとき、相手が自分の質問に答えておらず、はがゆい思いをしたことはありませんか？相手も忙しくてこちらのメールをきちんと読んでいない、ということが多いようですが、その他にも原因があります。ご存じのように、電子メールでは、「>」記号を付けて、相手の文面を引用する習慣があります。もともと英語圏で生まれた電子メールの作法では、相手の言葉をしっかり捉えたうえで返信すること

は常識です。自分の言葉と相手の言葉がしっかりかみ合えば、論理的な対話が成立します。しかし、日本語で、このように相手の言葉をそのまま繰り返すことには、抵抗を感じる人もいるようです。

　論理能力は、英語圏では、特に重視されています。論理能力は、かつて英語、数学とともに、アメリカの大学院統一試験GREの、3つの一般試験科目の一つでした。このことから、どれだけ論理が基礎学力として重視されてきたかということが分かります。ただ、これらの3つの科目のどれを重視するかは専門分野によって異なります。また、これら以外に物理学、生物学、心理学などといった専門分野の試験もあります。論理能力科目は、以前はパズルや数学問題に近かったのですが、現在は、作文を通して論理・分析能力を示すAnalytical writingという科目に変わっています。

　論理的でない文章の中には、感情的な文章もあります。実務文章では、書き手の誠意が感じられるのはよいとしても、感情的な書き方はしません。会話で議論をしているときに、相手の問題点を冷静に反論すると、「人格を攻撃された」と受けとる人が少なからずいます。非難と批判の区別ができず、議論を議論として扱うことができないのです。このような人は、自分の論理を、相手の立場、第三者の立場から客観的に見直すことができません。論理は、学校教育では国語と数学の両方にまたがる分野です。学校、さらには企業で論理力を鍛えるには、文章の練習に加えて、ディスカッションやディベートの技能を、より総合的に、積極的に取り入れる必要がありそうです。

　断言や結論だけで、それらを裏付ける論拠を示さない文章も、論理的とはいえません。新興宗教のパンフレット、宗教に近いビジネス書、精神論などには、よく見られます。論文の要約では、重要なポイントと結論しか書いていませんが、論文の本文には、その論拠が書いてあるはずです。本文でも論拠が不明確な文章は、論理的な文章とはいえないでしょう。

　論文は、論理の面ではもっとも厳密さが要求されます。実務文章は、論文ではありませんが、用途によっては、より厳密な論理が必要になることがありま

す。論文では、よく「第一に……」、「第二に……」という書き方をします。こう書かずに、「最初に……」、「次に……」という書き方では、3番目以降はどうするのか、という問題があります。「第一に……」、「第二に……」という書き方は硬くはなりますが、実務文章でもこのように書いたほうが整然と書けます。

起承転結ではなく段落で考える

　実務文書には構成が重要です。**文書がきちんと構成（構造化）されていると、共有や再利用がしやすくなります。**どんな文書でも、読みやすい文書は構成がよく練られています。数ページ以上になる文書では、構成は特に重要です。共同作業で文書を作成する場合でも、文書の構成が不明確だとやっかいです。文書の構成が明快で、なにがどこまで書けているかはっきり整理されていれば、他の人がスムーズに書き足すことができます。

　実務文書では、導入（「はじめに」）、本文、結論（「おわりに」）、という構成が一般的です。導入の時点で、「その文書を読むと、読み手にどんな利益があるか」を明確に示す必要があります。読んでもらえる工夫をしなければ、どんな文書もなかなか読んでもらえません。本文では、具体例を使いながら説明を展開します。そして、結論では、ポイントを繰り返してまとめます。結論にたどり着いてから、それまでと関連のない、なにか新しいことをいきなり持ち出してはいけません。結論はあくまでも、導入と本文ですでに述べられている内容のまとめです。

　文書は、さまざまな構成単位から成り立っています。特に、書籍や論文など長い文書の場合には、小さい単位から並べていけば、文字、語句、文、段落、項、節、章、部、文書となります。また短い手紙などでは「項」はなく、段落のみから文書が構成されます。短い文書では、複雑な構成は不要ですが、数段落以上からなる文書では構成を意識する必要があります。

　文書の構成について、「起承転結」にする、ということはよく言われます。しかし、実務文書では、結論が見えにくくなるので**起承転結はやめましょう**。

重要なところを先延ばしにして、「転」や「結」まで読まないとポイントが分からないのでは、忙しい読み手は困ります。起承転結ではなく、段落や章のレベルで考えると、文書全体の論理的な組み立てがしやすくなります。

【段落の重先ルール】段落はキー センテンスから始める

　段落とは、複数の文からなる、文書を構成する要素の一つです。『広辞苑』では、段落は「長い文章中の大きな切れ目」と説明されていますが、この説明は不適当です。ソーセージやたくあんのように、「長すぎるからそろそろ切ろうか」と後で思いついて切れ目を入れるわけではありません。

　日本語では、「1文＝1段落」としている実務文章が多く見られます。「1文＝1段落」にしないと、文字が詰まりすぎて見える、文字が多すぎる、と書き手が感じるのでしょうか。創作文章でも、若い書き手では、特にこのような傾向があるようですが、ビジネス書でも同じです。「1文＝1段落」で書くことは、例外的にはあります。しかし、ほとんどの文を「1文＝1段落」で書くと、文と文の関係が孤立してしまいます。段落というまとまりを作らず、一つの主張を十分に補足できる材料がないまま、次の主張に進んでしまい、論旨が散漫になります。これは、文書全体としての構成を無視しているということでもあります。ムカデのように関連の薄い文がぽつぽつ続き、段落というけじめがない（といったらムカデに失礼ですが）文章になります。思いつくまま感想をだらだら書き連ねた文章、随筆、文学作品、手紙ならともかく、実務文章では基本的に「1文＝1段落」ではなく、段落内の構造、そして段落の集合を意識して書く必要があります。

　実務文書では、**段落内の最初の文を「キー センテンス」にする**と論点を明快にできます。これは、文中で重要な語を先に書く「重先ルール」（94ページの「【文の重先ルール】重要な語を最初に持ってくる」を参照）と似ており、**段落レベルでの重先ルール**といえます。キー センテンスは、トピック センテンスともいい、段落で書きたい最重要のポイントを示す文です。段落の残りは、

キー センテンスを補足し、裏付ける要素です。キー センテンスについての具体例、補足説明、あるいは例外などを示します。

「この文書は重要なのだから、読み手は最後まで読んでくれるはずだ」というのは、書き手の思い込みに過ぎないことがあります。「最後まで読んで、ちゃんと意味を理解してくれるはずだ」というのはもっと甘い考えです。電化製品を買った人がすべて説明書を最後まで読んでいれば、サポート センターなどというものは必要ないでしょう。最後まで読んでもらえるように、簡潔に書く努力はすべきですが、最後まで読んでもらえないことも考え、重要なことは後回しにしないほうがよいでしょう。

段落レベルでの重先ルールには、いろいろと利点があります。新聞や雑誌の記事でも、重要なポイントは先に書かれています。文書全体がこの構造になっていれば、読み手はどのように文書を読めばいいか見当を付けやすく、内容をよく理解できます。また、物事をどう説明していいか迷ったときは、重要なことから書けば、迷わずに済みます。重要でないことを後回しにすれば、字数調整にも便利です。字数制限があるときに、少しはみ出してしまったとき、段落の最後のほうを修正して字数内に収めれば、段落の最初に書いてある重要なポイントはそのまま維持できます。しかし、キー センテンスを最初に書くのはあくまで基本であり、すべての段落が必ずこのような構造になっているとは限りません。段落の2番目の文など、先頭の文以外がキー センテンスになることもあります。

最重要なメッセージを常に最初に持ってくると、読み手の混乱を防げます。文書の中で、物事の両面を取り上げることは重要です。しかし、段落の後半で、前半とは異なることを示すと、読み手は書き手がなにが言いたいのか分からなくなり混乱します。段落の後半で、あるトピックについて例外を示すことはありますが、例外のほうがむしろ重要であれば、順番を入れ替え、そちらを文書の最初にしたほうが分かりやすくなることもあります。

段落をキー センテンスから始めると、すばやく要約を作成することもでき

ます。**要約**とは、文書の要点を、少ない文字数でまとめることです。なお、外国語の長い文書を、日本語に翻訳（あるいはその逆を）すると同時に要約することもあります。これは、**抄訳**と呼ばれます。

　一般に、日本語文書を要約することや、日本語から抄訳を作成することは非常に骨が折れます。要点がどこにあるのか、隅から隅まで読まないと分かりづらいからです。しかし、文書が見出しで構成されており、段落がキー センテンスで始まっていれば、キー センテンスを順番に拾っていくだけで、すぐに要約できます。

　このようにしっかり段落が構築されている場合、1つの段落を途中で改行して、複数に分けてしまうと、文が分かりづらくなることがあります。単純に切ってしまうと、2つ目以降の段落には、キー センテンスがなくなってしまいます。段落は、紙のように切ったら2枚になるものではありません。細胞分裂のように、一つ一つが構造を持っています。段落を分割する際には、分割後の段落をよく読み直して整理しないと中途半端になってしまいます。

　伝えたいトピックに読み手の意識をしっかり向けるには、重要な点をしっかり絞り込む必要があります。言い換えれば、重要な点と重要でない点を区別し、トピックに優先順位を付け、重要なものから先に書く、ということです。これは、電子メールでも同じことがいえます。一度にあれもこれも伝えようとすると、なにかうまく伝わらないことが出てきます。

見出しの書き方

　見出しは、「項」の内容を示す題です。項とは、複数の段落から構成され、章の構成要素になります。言い換えれば、項は、段落より長く、章よりは短い要素です。見出しには、その項で扱うキーワード、つまり重要な言葉が含まれています。見出しは、文書の内容と方向性を定めます。読み手は、ある文書から自分がなにを得られるかを、文書のタイトルと見出しで判断します。

　目次がある文書では、章や見出しにページ番号が付いています。また、よく

構成された文書であれば、見出しを順番に読むだけで概要が分かります。これは当たり前のことと思われるかもしれませんが、実際にはどうでしょうか？ 小説やエッセイならともかく、実用書でありながら、目次にある見出しを読んでも、なにを扱っている本なのか、なにが言いたいのか、見当も付かない本もあります。そのような本は、見出しだけでなく、最初から最後まで読んでも、「こういうことが書いてあった」と即答できず、やはりなにが言いたいのか分からないでしょう。

　見出しは、簡潔にとどめ、項の内容が一目で分かるようにします。文書が家だとすると、見出しは全体の形を示す柱や骨格といえます。見出しは、最終的には読み手が文書の構造を理解するために役立つものです。しかし、書き手が文書を書いている間は、**見出しは書き手にとっても非常に重要**です。どのような方向性で、なにを書いているかの手がかりになります。見出しは、文書を練っている際に、変わることがあります。見出しを変えたときは、章や段落の内容と一致しているか、読み返して確認する必要があります。

　見出しでは、「見出しの書き方」や「新しい文書の作成」のように体言止めが使われることもあります。しかし、体言止めは、意味があいまいになることがあるので、注意する必要があります。体言止めではなく、「〜を〜する」のように動詞を使うと、意味をよりはっきりさせることができます。また、動詞を使うと、名詞だけの見出しよりは、具体的で、読み手の興味を惹くことができます。本書では「さまざまなカッコを使い分ける」という見出しの項があります。ただ「カッコ」という素っ気ない見出しよりも、具体的で分かりやすくできます。

　複数の項が連続した内容で、関連性がある場合は、見出しを体言止めにするかしないかは、なるべく統一したほうがよいでしょう。「新しい文書の作成」、「新しいリストを作成する」、「新しいデータの作成」のように、見出しが体言止めだったりそうでなかったりすると、統一感がありません。ただし、文書内のすべての見出しの書き方をどちらかに揃えるのは難しいかもしれません。

文をつなぐ接続詞

文をつなぐ接続詞は機能を考えて使う

　語をつなぐ接続詞以外に、文をつなぐ接続詞があります。**「文をつなぐ接続詞は、機能を考え、整理して使う」**のが分かりやすく書くポイントです。接続詞には、いくつか種類があり、特定の機能があります。「したがって」、「それで」のように直前の文の結果となる接続詞は、「順接」と呼ばれます。「しかし」、「だが」のように、これまで述べてきたことと逆のことを述べる接続詞は、「逆接」と呼ばれます。この他にも意味を付け加える「添加」という機能を持つ接続詞もあります。

接続詞の主な種類（接続詞に準じる語を含む）

	実務文章で主に使う	実務文章では避ける
順接	したがって、そのため、このため	だから、それで
逆接	しかし、ただし、一方	けれど、もっとも
添加	また、なお、（これに加えて）	しかも、そのうえ

　この表で、「実務文章では避ける」としてある語については、やや感情的なニュアンスがあり、柔らかめの実務文章では使うことがあります。

順接と逆接

　順接と逆接は、論理の流れを示します。マニュアルのような厳密な実務文章を理解しやすくするには、接続詞はむやみに増やさず、機能を慎重に考えて使う必要があります。

　以下のように、「しかし」を使いすぎて、話があちらこちらに飛びすぎる文章がよくあります。

例1：
富士山は美しい。**しかし**、登るのはつらそうだ。**だが**、富士山には登りたい。**しかし**、準備に金もかかるだろう。

このように、「しかし」や「だが」が連続しないように注意が必要です。このような散漫な書き方では、本当はなにを言いたいのかがまとまりません。言いたい内容を整理して、大きな区切りにまとめましょう。

例2：
美しい富士山にはいつか登りたい。**しかし**、登るのはつらそうだし、準備に金もかかるだろう。

例2では、前半には「富士山に登りたいという希望」、後半には「その希望に対する障害」のようにまとめて書いています。2つの部分にまとめたので、例1では3つあった接続詞を1つにできました。

接続詞は、執筆者が結局なにを言いたいのかを判断する手がかりになります。しかし、ほとんど意味のない「しかし」を癖のように書いてしまうこともあります。「しかし」は、「直前の文と反対のことを言いたい場合にのみ」使います。削っても意味が同じ接続詞は、削るべきです。「しかし」を使うのは、文章のその時点までの論理の流れを、ギア チェンジして、バックするようなものです。個々の文が十分に論理的であれば、接続詞に依存しなくても説明はできます。自分の文章を読み直すときに、接続詞を使いすぎていないか確認してみてください。

接続詞「ただ」は、「特定条件下では」という意味になりますが、意味がはっきりしないことがあります。実務文章では、「しかし」や「ただし」を代わりに使ったほうが、明確に注意を促せます。

△このツールは、ほとんどの文書で役立ちます。ただ、以下の場合は注意が必要です。
○このツールは、ほとんどの文書で役立ちます。しかし（ただし）、以下の場合は注意が必要です。

上記の例で「なお」を使うこともできますが、「なお」には追記のニュアンスがあり、「なお」以降の情報はなくてもよい、との印象を与えることもあります。読み手にしっかり注意を向けさせるには、「しかし」や「ただし」を使います。

添加の接続詞

添加の接続詞「しかも」や「そのうえ」は、やや感情的なニュアンスがあり、実務文章では使いません。実務文章で添加の意味を示す場合、「また」、「なお」、そして接続詞ではありませんが「これに加えて」という表現を使えます。「そして」も添加の接続詞ですが、なくても意味が同じこともあります。

「なにが接続詞か」ということは、厳密に区別されていないことが多く、辞書によって違いがあります。また、接続詞ではありませんが、文の流れに対して、逆接のように使われる表現もあります。たとえば、「これに対して」、「こう書かずに」といった言葉で、対比を明確にできます。「この場合」のように限定する表現もあります。

「また」は、文の中に副詞として使われることがあります。

△見出しには、体言止めもまた、使われることがあります。

これでも理解できないことはありませんが、文中ではなく、文頭で接続詞として使うことで、添加の意味を明確にできます。

○また、見出しには、体言止めも使われることがあります。

なくても意味が変わらない、むだな接続詞は付けないほうが分かりやすくできます。**特に同じ接続詞は、連続して使わないようにします。**同じ接続詞を、連続して使うと分かりにくく、整理されていない印象を与えます。「〜。また、〜。また、〜。また、〜。」のように書くと、散漫な書き方になります。

　「つまり」は、接続詞に似ていますが、要約や言い換えの機能を持つ副詞です。「つまり」も接続詞同様に、複数の文をつなぐときに「〜。つまり、〜。つまり、〜。」のように、連続して使うと分かりにくくなります。そうならないように、一連の文の内容を整理する必要があります。

12 Wordの正しい使い方

> **この章の主なポイント**
> - ワープロは考えるためのツール
> - ワープロの基本は20年前と変わっていない
> - ワープロとテキスト エディターは一長一短
> - 一度、基本を身に付ければ、今後もずっと活用できる
> - 文章の構造を操るために、アウトラインとスタイルをマスターする
> - 文章校正機能をうまく味方につける
> - 表、グラフ、図、写真などのツールを活用する

「文章のプロ」でも知らないワープロの基本

ワープロは考えるためのツール

　ワープロは、「書くためのツール」であると同時に、**文章を練り上げる際の「考えるためのツール」**です。ワープロは、「清書マシン」ではありません。ワープロ ソフトは、パソコンの利用法としては、基本の一つのはずです。Windowsパソコンを買えば、ワードパッドという簡易ワープロが標準で付属しています。企業や学校ではMicrosoft Wordやその互換ワープロが「最初から入っていた」ということも多いでしょう。しかし、ワープロはもっとも誤解され、正しく活用されていないソフトでもあります。皮肉にも、自分で意識して買うことが少なくなってしまったことが、活用しようという意識が低いことにつながっているようです。翻訳や、それ以外の文章に関わる仕事でも、ワープロの技能をきちんと身に付けていると、作業効率に大きく違いが出ます。

　Word文書を1ページ見れば、その文書の作成者がどれだけWordの機能を使えているか分かります。残念ながら、文章を書くことで食べている「文章のプロ」、編集者、翻訳者、Wordについてパソコン雑誌で紹介している記者でも、

ワープロの基本的な使い方を誤解している人がいます。ワープロを清書マシンとしてしか見ておらず、文章を書くための道具として捉えていないこともあります。

　この章では、Wordを中心に、ワープロの基本機能が、分かりやすい文書作成にどのように役立つかを説明します。Wordの機能や操作方法のすべてを説明することはしません。表面的なWordの操作だけではなく、その背後にある、ワープロの作法と、ワープロへの取り組み方について、考えてみてください。Wordに限らず、さまざまなワープロ ソフトでは、操作方法の違いはあっても、基本は共通しています。

　Wordを含むOffice製品では、画面の動画や音声による説明を含め、無料で学べる自習教材が非常に充実しています。マイクロソフトが作成した教材もありますし、第三者が解説している教材もあります。やる気さえあれば、かなりのレベルまで独学で身に付けられます。教材をまったく使わず、直接、試行錯誤するだけでは、かえって時間がかかります。その結果、Wordが嫌いになり、かといって仕事で使わざるを得ない、という不幸な事態に陥ってしまいます。自分で試すことは必要ですが、基本知識は無料の自習コースで学ぶのが近道です。

　Microsoft Officeのトレーニング[23]は、自習教材の一例です。Word機能のより詳細な説明については、ウェブ上で検索をするか、製品に付属するヘルプでキーワードを検索するのがお勧めです。Wordを含む多くのソフトでヘルプを表示するには、キーボードの上の列にあるF1キーを押します。

ワープロ ソフトの基本は20年前と同じ

　Microsoft Officeと似た機能を持ちながら、無料で使えるオフィス ソフトとしてLibreOffice（リブレ オフィス）[24]があります。LibreOfficeには、LibreOffice Writer（以下、Writer）と呼ばれる、Wordに似たワープロがあります。また、昔からある国産ワープロ ソフトとして一太郎があります。

　私はWordを20年ばかり使っています（驚かれるかもしれませんが、Word

---

23 http://office.microsoft.com/ja-jp/FX010056500.aspx?CTT=97
24 http://ja.libreoffice.org

は20年以上前からあります）。また、本書はWord 2010を使用して執筆しています。しかし、私はWordを唯一のワープロ ソフトと考えているわけではありません。ここで解説しているのは、Wordの機能というよりは、**すべてのワープロ ソフトに共通する常識**です。そして、パソコンで文章を作成する場合の常識です。実際に、以下の説明は、Word以外の一太郎やWriterなどのワープロでもほとんど当てはまります。ここでは、便宜上、Microsoft Word 2003、2007、2010を中心に説明します。バージョンが新しくなると、変わる機能、追加される機能は確かにあります。ワープロは、タイプライターから始まって、活字印刷的な要素、そしてウェブなどのさまざまな要素を取り込んでいます。しかし、ワープロの基本は、20年前から変わっていません。一度、基本をしっかり身に付ければ、今後もずっと活用できるのです。

ワープロとテキスト エディターは一長一短

Wordのようなワープロ ソフトでは、文字にさまざまな効果を付けることができます。たとえば、太字、斜体、フォントの種類と大きさ、色などを変更できます。これらを「書式」と呼びます。

ワープロとテキスト エディターには、似た面もありますが、違う点も多々あります。一番大きな違いは、ワープロでは書式や図が使えるが、テキスト エディターは文字のみで、書式や図は使えないということです。Windowsに標準で付属している「メモ帳」も、シンプルなテキスト エディターです。

テキスト エディターは、もともとプログラミングのために開発されてきたという経緯があります。そのため、テキスト エディターは文章作成専用の機能が限られていることがあります（文章作成に特化したものもあります）。逆に言えば、テキスト エディターは、テキストをデータとして扱う場合は便利なことがあります。

ワープロの基礎をしっかり理解したうえで、テキスト エディターの使い方を学ぶことをお勧めします。現状では、あまりにも**ワープロの基礎が軽視**され

ています。ワープロとテキスト エディターは、それぞれ長所と短所があります。どちらか一方を使うというよりは、状況に応じて適宜使い分けるものです。仕事で多くの文章を書く人には、テキスト エディターを使う人もいます。しかし、ワープロの基礎を身に付けていないということは、後述のアウトライン機能などの文書作成の基礎を身に付けていないのと同じです。なんとなくテキスト エディターのほうがプロっぽいと考えている人や、食わず嫌いでワープロの機能について学ぶのを面倒と考えている人もいます。

　ワープロの書式は、乱用しなければ、長い文書を効果的に読みやすくできます。かつて、書式が使えるHTMLメールが嫌われていた時期がありました。昔は文字だけだったメールに、いろいろ画像や書式が入ることに慣れなかったのかもしれません。今では、企業からのメールにも、HTMLメールは普通に使われるようになってきました。書式も、使い方しだいで強力なツールになります。

スタイルと書式のテクニック

アウトライン機能と見出しで文書を構造化する

　アウトライン機能は、**見出しで文書にレベル付けをして、構造的な文書を作成する**機能です。「アウトライン」には、概要や下書きという意味があります。Wordや一太郎などのワープロ ソフトに備わっています。ほとんどのワープロ ソフトで、アウトラインの基本的な使い方は、共通しています。通常の表示からアウトライン表示に切り替えると、文書の構造を章や項のレベルで概観して把握でき、個々の段落だけでなく、文書全体を見渡せます。アウトライン表示では、章や項の順番をすばやく入れ替えることなどもできます。複数の項を含む長い文書を書くときには、非常に便利な機能です。アウトライン表示には、以下の手順で切り替えられます。

Word 2003以前の操作手順：［表示］メニューの［アウトライン］をクリックします。
　Word 2007以降の操作手順：［表示］タブの［文書の表示］グループの［アウトライン］をクリックします。[25]

　なお、Word 2010では、通常表示の左側に、図4の「ナビゲーション ウィンドウ」を表示することで、アウトライン表示に切り替えなくても文書の構造を見出しで把握できます。それぞれの見出しをクリックすると、その箇所にすばやく移動できます。また、見出しの順番をここで入れ替えることもできます。

図4｜Word 2010のナビゲーション ウィンドウ

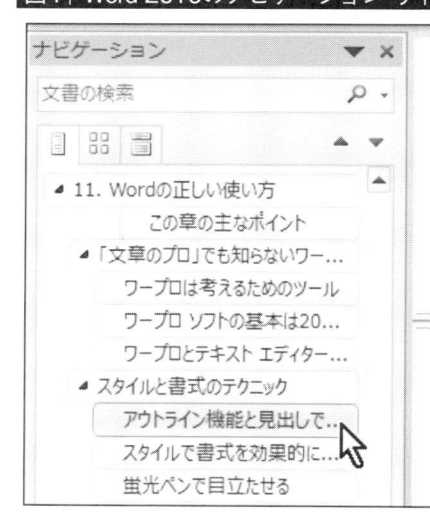

　見出しについては、以前に「見出しの書き方」（158ページ）でも説明しました。比較的短い文書では、見出しの種類は1つしかないこともあります。「章」があるような長めの文書では、章に大見出しを付け、項に小見出しを付けます。実際には章というほどの区分でなくても、いくつかの項のまとまりに対して付

25　以下の手順説明で、「Word 2003以前」とは、Word 2003、「Word 2007以降」とは、Word 2007とWord 2010を指しています。Word 2003の操作の一部、Word 2002以前でも使える可能性があります。

ける見出しは、大見出しとなります。論文や書籍などの長い文書の場合には、さらに細かい区分を作ることもあります。大見出し、中見出し、小見出しとしてよいですし、欧米ではHeader 1、Header 2、Header 3といった区分もされます。HTMLでは、見出しのタグには＜h1＞、＜h2＞、＜h3＞などのタグが使用されます。Wordでは、標準で、見出し1、見出し2……のように「レベル」が設定されています。このように数字を使ってレベルを示す方式だと、見出し4以降でも、必要に応じてさらに細かい区分を作ることもできます。HTMLでは＜h6＞まで決められています。ただし、あまり細かいレベルを作ると、文書の構造が複雑になってしまいます。この見出しには、それぞれ、後述のスタイル機能によって、太字や文字サイズなどの書式を設定できます。見出し1のようにレベルが高い見出しになるほど、文書の大きな区分を示すので、文字を大きくし、目立つようにするのが一般的です。

以下に、文書構造レベルの対応関係を示します。これはあくまで一例なので、実際にはこれ以外の対応関係になることもあります。

表1　文書構造レベルの対応関係

文書構造の単位	見出しの区分	Wordでのスタイル	HTMLのタグ	本書での実例
章	大見出し	見出し1	＜h1＞	「12. Wordの正しい使い方」
節	中見出し	見出し2	＜h2＞	「スタイルと書式のテクニック」
項	小見出し	見出し3	＜h3＞	「アウトライン機能と見出しで文書を構造化する」
		見出し4	＜h4＞	

「文書で言いたいこと」をふらふらさせず、論旨を一貫させるには、アウトライン機能を使って文書を整理する必要があります。見出しを含む項や章の順番を入れ替えることで、文書全体の構成を組み替え、文のつながり具合をよくできます。

　アウトラインは、本の目次のようなものともいえます。よく構成された実際のWord文書で試すのが早いかもしれません。アウトライン表示では、特定のレベルまでの見出しを表示することができます。私が本書の原稿として使っているWord文書では、見出し3のレベルまで表示するように設定すると、本書の目次とほぼ同一になります。言い換えれば、本書の目次には、見出し1から見出し3までの見出しとページ番号が示されています。

　アウトライン表示では、見出しを手がかりとして、それぞれの見出しのレベルで、文書全体をよく見直し、重複する部分、極端に長い項、極端に短い項を修正できます。見出しのレベルを上げて、見出し2を見出し1にしたり、レベルを下げて、見出し2を見出し3にしたりできます。たとえば、ある項を、特に詳しく説明する必要が出てきたら、項を大きな章に格上げできます。また、1つの項が長くなりすぎたときは、複数に分割できます。

　複数の似たような項の内容を、1つにまとめることもあります。書籍や論文のような長い文書では、同じことを繰り返し書いてしまうことがあります。また、文書の1カ所に集中して書いている場合、全体でのバランスがおかしくなることもあります。このような場合も調整が必要です。

　構造的で論理的な文書を書くために、アウトライン機能は、学校の作文教育の中でも必須です。国語の時間だけとは限りません。理系の実験レポートや、論文作成においても重要です。大学入試の小論文のような短めの文書でも、アウトライン機能を使えば、論旨を明確にする訓練ができます。書籍や長い論文を書くのは確かに大変です。しかし、「どこから手を付けていいか分からない」ということはありません。アウトライン機能を使いこなせれば、書きやすいところから書くことができ、文書のどこに手を入れるべきかも見つけやすくなり

ます。

　文単位の編集でもそうですが、アウトラインで編集すると、文書の骨格を大きく入れ替えることになります。これは、ワープロの欠点ではありませんが、紙の余白のような物理的な制約なしに、何度でも編集できるワープロでは、特に注意が必要な点でもあります。全体としてのつながり具合がおかしくなっていないか、繰り返し、最初から通して読むことが必要です。

　このような見出しについて理解し、見出しを使って文書を構造化することは、文書を書くときに書き手に役立つのはもちろん、読み手が読むときにも役立ちます。さらに、文書をウェブに掲載するとき、検索エンジンにヒットさせるようにするためにも重要です。検索エンジンは、ウェブ ページのHTMLの＜h1＞タグ、つまり大見出しを、文書の内容を表す手がかりと見なすからです。見出しをまったく付けずに、べったりとした長文を書くと、人間にも機械にも理解しづらい文書になります。

スタイルで書式を効果的に使う(太字、斜体、フォント、色)

　書式に関しては、いくつかの簡単な基本ルールがあります。まず、**書式は乱用せず、機能と意味を考えて使います**。これを実践するために重要なのが、ワープロ ソフトの**スタイル機能**です。スタイルとは、特定の用途向けに、文字の外観を結びつけて管理する仕組みです。文字に書式を付けるときは、「ここは強調したい」、「ここは例文だから地の文とは区別したい」といった意味があるはずです。場当たり的に書式を決めるのではなく、以下のような用途、つまり機能との対応関係を具体的に決めておきます。

- 「見出し1」には、MSゴシックの16ポイントの太字を使う
- 「例文」には、MSゴシックの10ポイントを使う
- 「強調」には、MSゴシックの10ポイントの太字を使う

　このように決めていれば、書式を使ったときに、文書の見栄えに統一感が出

せます。ワープロのスタイル機能では、このような書式のセットにあらかじめ「見出し1」や「例文」のようなスタイル名が定められています。もちろん、既定のスタイルを変更することや、自分で新しいスタイルを作って、名前を付けて管理、適用することができます。

　スタイル機能を使えば、文書全体に統一感を持たせることができます。また、必要な箇所だけに意味を考えてから使うことになるので、むやみに書式を多用せずに済みます。強調したいからといって、むやみに赤い太字の大きなフォントばかりにしても、読み手にその重要さは伝わりません。英語では、語句を大文字にすると強調の意味になります。CAUTION（注意）などと書いてあれば、書き手が明確に注意を惹こうとしていることを示します。「強調する必要がない箇所はむやみに大文字にしないほうがいい」とよく言われます。日本人は、それほど明確な意味があるとは考えずに大文字を多用するので、こう言われて驚くこともあるようです。強調は、キーワードやキー センテンスなど、使い方をよく考えたうえで行います。スタイルが効果を発揮するには、文書の用途、最終的なレイアウト、字間、余白、ページ数など、さまざまな要素を考える必要があります。

　この「スタイル」という考え方は、ウェブページのHTMLでも同じです。ネット上に無数にあるHTMLページは、その多くがスタイルに沿って作られています。

　また、日本語の実務文書では、斜体の書式は使用しません。日本語のフォントでも斜体はありますが、アルファベットよりも複雑な漢字をむりやり斜めにしているので、読みづらくなります。英語では、斜体は特定の語句を強調するときや本のタイトルを表すときに使います。斜体をどの場合に使うかという規則は、非常に細かく決まっています。日本語では、強調という意味よりも、単にデザイン上の理由で斜体を使うことが多いようです。また、英語では、強調の意味で使う場合、斜体には「新しい用語」、太字には「重要な語句」のように、異なる強調の意味を持たせることがあります。このような文書を日本語に翻訳

する場合、「日本語では斜体を使わないから」といって、標準字体を使うと、強調の意味がなくなってしまいます。かといって、太字に変えてしまうと、太字と斜体の強調の意味が混ざってしまいます。このような場合は、色を使うなどの方法を使います。たとえば、原文の斜体は、訳文では「緑色の太字」で表す、といった決まりを決める必要があります。

蛍光ペンで目立たせる

「蛍光ペン」機能を使えば、蛍光ペンのように、文書の一部の背景の色を変えて目立たせることができます。文書作成中には、コメント（187ページを参照）を付けるまでもない場合、自分自身に対する注意の目的で使うことができます。たとえば、後で書き直しや整理が必要な箇所を示せます。文字色を黒以外にするよりは見やすいことがあります。色で目立たせることになるため、最終的な文書を白黒で印刷する場合は逆に見にくくなることもあるので、注意する必要があります。Wordでは、蛍光ペンは15色から選べますが、各色の意味を決めずに多用すると、自分でもなぜその色の蛍光ペンを付けたのか混乱することもあります。また、他人が見たとき、なぜその箇所をその色で強調しているのかよく分からないこともあります。余裕があれば、単に蛍光ペンで強調するだけでなく、コメント機能を使って、なにをどうすべきなのか具体的に説明したほうがよいでしょう。なお、一太郎、Writerにも、Wordの蛍光ペンと同様の機能があります。

空白文字ではなくインデントとタブで文字配置する

電子文書、つまりワープロの文書では、**空白文字（スペース）**ではなく、**インデントとタブ**で**文字配置**します。これは、文書内容とレイアウトを分離する内離ルールに関係しています。

電子文書中に、余分な空白が入っていると、さまざまな問題が発生します。正確に検索できなくなる問題もその一つです。たとえば、「見積書」が「見

積　　書」のようになっている場合です。「見積書」というキーワードで検索しても、見つけることができません。このような場合、Excelや表内のセルなどでは、「均等割り付け」という機能を使用します。Wordにも均等割り付けはありますが、使わなくても問題ないことが多いようです。

　空白文字で文字配置をすると、字句を一部分変更しただけで、全体的な再修正が必要になります。ミスが加速度的に増え、完成するまで長い時間かかります。インデントやタブを使うと、空白文字を使うよりも、すばやく、きれいに文字を揃えられます。

　「インデントとタブで文字配置する」という原則は、別の言い方をすれば、「空白文字を連続して複数使わない」ということでもあります。一般的には、**「空白文字は1つ」**と考えれば、覚えやすいでしょう。空白文字を2つ、3つと連続して使うのではなく、代わりにインデントとタブを使います。インデントとタブはすべてのワープロの基本機能です。

　Wordでは、個別のインデントやタブは、ルーラーを表示して調整できます。Word 2007以降では、［表示］タブの［表示］グループでルーラーの表示を切り替えることができます。

　英文では「ピリオドの後に2つスペースを入れる」という方式が使われることもありますが、シカゴ マニュアルでは「ピリオドの後のスペースは1つ」としています。本書でも、英文についてはこの方式を勧めます。パソコンのワープロでは、機械式タイプライターのように機械的に2つスペースを入れなくても、自動的に調整され、きれいに表示されます。

字下げにはインデントを使う

　実務文書では、各段落の最初を、1文字下げます。学校でも、原稿用紙を使うときは、そのように習ったはずです。これも、句読点同様に、もともと日本語にはなく、英文などから来た作法です。字下げをすることで、段落の開始を見つけやすくできます。段落の第1文にキー センテンスを書く、ということに

ついては、156ページで説明しました。文書がこのように書かれていれば、段落の最初にあるキー センテンスを次々に拾い読みしていくことで、長い文書の概要をすばやく把握できます。

　「段落の間に1行を空ける」ことに加えて、さらに「字下げ」をする必要はありません。電子文書では、段落と段落の間に1行を空けていることがあります。特に、行間を調整できないプレーン テキスト形式の場合です。この場合は、段落の間に1行を空けることで、段落の区別はすでにできているので、字下げは不要です。

　原則として、字下げは、空白文字ではなく、インデントを使います。空白文字でレイアウトを調整しない、というのは、内離ルールに沿うことになります。ワープロで空白文字により1字下げるのは、インデントが使えないプレーン テキスト形式の場合のみです。ただし、この場合は、空白文字により1字下げる代わりに、前述のように、段落間に1行を空けることで、より読みやすくできます。

　Wordでは、「スタイル」にインデントを設定することで自動的に字下げができます。段落の任意の箇所を右クリックして、[段落]を選択すると、段落ごとの書式を設定できます。しかし、これでは特定の段落だけしか設定できません。スタイル機能を使うと、地の文（段落）に対して、すべてまとめて字下げを設定できます。本書では、地の文として、「本文」というスタイルを新しく作成して、字下げを設定しています。インデントを使わず、空白文字を入れることで、手作業で字下げすると、入れ忘れの箇所が出てしまいます。

　ワープロは、あえて学ばなくても、なんとなく使えるように思いがちです。しかし、効率よく文書を作成するには、ワープロの基礎、「インデントとはなにか」、「インデントはどのように使うのか」といった点をしっかり理解しておく必要があります。

行間、余白、1行の字数

　行間、余白、そして1行の字数を調整することで、文書を読みやすくできます。これらは、電子文書として作成した後で、紙に印刷して配布する場合に特に重要になります。英語のスタイル ガイド、たとえば学会や国際会議に提出する論文に対しては、このような点まで細かく指定されていることがあります。

　特に、狭い行間を広げると、ぐんと読みやすくなります。Wordでは、簡単な方法として、Ctrl+Aを押してから、Ctrl+5を押すと、文書全体を1.5行の行間に設定できます。Ctrl+2を押すと、2行の行間になります。気に入らなければ、Ctrl+Zで元に戻せます。ただ、これは手軽ですが、おおざっぱな方法です。見出しなども含めて細かい調整をする場合は前述の「スタイル」機能を使って、それぞれにスタイルに対して行間を指定します。

　行の途中で一定改行をして、むりやり「行間」を作っていることもあります。これは、行間を空ける方法がない場合に見られますが、良い方法ではありません。一部を修正すると、改行し直して「行間」を再調整することになり、手間がかかります。

　「余白」とは、本文と紙の縁の間の、上下左右の空間です。余白が少ないと、文字がぎっしり詰まっているように見え、圧迫感があります。また、印刷する文書だと、メモを取れるように余白を空けるよう配慮することもあります。数行だけ余った場合には、余白を数ミリ狭くすると、1枚の紙に文書をぴったり納めることができます。

　1行の字数は、あまり多いと文の流れを追いにくくなります。「段組」にすると、読みやすくできることがあります。また、人から依頼された文書では、1行の字数があらかじめ決まっていることもあります。このような場合は、以下の方法で設定できます。

　Word 2003以前の操作手順：1行の字数と余白は、［ファイル］メニュー、

［ページ設定］の［文字数と行数］あるいは［余白］タブで設定します。段組は、［書式］メニューの［段組み］で設定します。

　Word 2007以降での操作手順：余白と段組は、［ページ レイアウト］タブから設定します。1行の字数は、［ページ レイアウト］タブの［ページ設定］グループの右下にある矢印をクリックして、［ページ設定］ダイアログ ボックスを表示し、設定します。

箇条書きの効果的な使い方

　いくつかの事項を並べて示す場合は、長い文に押し込めるよりも、箇条書きを使うと分かりやすくできます。本書でも箇条書きはさまざまな箇所で使っています。

　箇条書きをするとき、文体は常体（だ・である）にして、句点は付けません。ただ、長い文の形になる箇条書きでは、敬体（です・ます）にして、句点を付けることもあります。一連の箇条書きの中では、どちらかの形式に合わせます。あまり長い文だと箇条書きにする意味がありません。簡潔にポイントを並べるため、箇条書きにする項目はキーワードがなにかを考えてよく選ぶ必要があります。

　また、箇条書きの項目数が多いと、やはり分かりづらくなります。項目数が10を超えるようなら、項目を大きく2つに分けるなどして、まとめ直したほうがよいでしょう。アンケートでも、項目数が10を超えるような選択肢は、読むだけでもうんざりしませんか？　私が見た実例では、あるアンケートで選択肢が20個くらいあるものがありました。作成する側としては、あれも聞きたい、これも聞きたいという気持ちになりますが、読み手は同じ熱意を持ってくれません。箇条書きも数が多いと、読む意欲がそがれます。

　手順やリストを示すには、数字の箇条書きが適しています。ほとんどのワープロでは、項目の順序を入れ替えると数字を付け直してくれます。

「1.」のように、数字とピリオドを入力してから改行すると、ワープロは自動的に数字の箇条書きにします。ここで「余計なことを！」と感じる方はよくいますが、場合によっては便利です。これはWordだけでなく、Writerや一太郎も同じ処理をします。この処理が本当に必要ない場合は、Ctrl+Zで元に戻せます。

校正、置換、入力のテクニック

文章校正機能では5分で誤字をチェックできる

Wordでは、文章校正機能とスペルチェックを使えます。

Word 2003以前の操作手順：[ツール] メニューで [文章校正] をクリックします。

Word 2007以降の操作手順：F7キーを押します。

誤字・脱字はできれば皆無にしたいものです。しかし、実務文章では、時間も費用も限られています。文章校正機能では、短い文書ならたった5分で、誤字・脱字、「読みずらい」などの誤記、「まず最初に」といった重ね言葉の誤用など、さまざまな項目をチェックできます。

文章校正機能は完ぺきなものではなく、問題修正を任せきりにすることはできません。また、すべての問題点を指摘してくれるわけでもありません。ただ、文書で問題があると思われる箇所を指摘するだけです。人が必ず読んでチェックすることも必要です。しかし、文章校正機能は、その限界を理解して使えば、問題点をすばやく探すことができます。一太郎にもWordと同様の校正機能があります。

Wordで文章を入力していると、語句の下に緑の波線が出ることがあります。これは、文章校正機能が自動で働いて、問題点を指摘していることを示します。

必要のない指摘、誤った指摘であれば無視すればいいだけです。文章校正機能は、「Wordのおせっかいな機能」としてヤリ玉に挙げられることが多い機能ですが、オンにして上手に活用することをお勧めします。自分には必要な指摘が多いと感じたら、なにをチェックするかはオプションから選択できます（図5）。

図5｜日本語の文章校正の詳細設定

　Word 2003以前の操作手順：[ツール] メニューから、[オプション] ダイアログ ボックスを開き、[スペルチェックと文章校正] タブの [詳細設定] ボタンをクリックします。

　Word 2007以降の操作手順：[ファイル] タブから、[オプション]、[文章校正] の順にクリックし、[設定] ボタンをクリックします。

　ここでチェックできる項目は、本書でも取り上げているポイントと共通点が

あります。とりあえず全部にチェックを入れておいて、必要ない項目を少しずつ外す方法もいいかもしれません。最初は「おせっかい」かもしれませんが、「チェックしといてよかった」という場面にそのうち出会うはずです。なお、日本語ではなく、英語の文章校正の設定をするには、なにか英字を入力した直後に上記の操作手順を行います。

　Wordが自動で修正するオートコレクト機能も、しばしば「おせっかい」と言われることがあります。不要な場合は前述の文章校正の設定からオフにできますが、上手に使えば、誤記を防ぐために活用できます。分書ルールを実践するために、たとえば「スタイルガイド」と入力して、「スタイル ガイド」のように分かち書きに自動変換することもできます。

　また、Word 2003には、「校正語」という機能があります。特定の言葉を使ったときにユーザーに指摘してくれる機能です。使わないほうがよい言葉や表現を間違えて使ったときのチェックに便利です。図5（前ページ）の［単語登録］ボタンをクリックすると新しい校正語を登録できます。Word 2007/2010でも、校正語の登録はできるのですが、残念ながら、削除する方法がないというバグがあります。

ワイルドカードと正規表現

　ワイルドカードと**正規表現**は、文字列の高度な検索で使う便利な機能です。文字列とは、「りんご」のような意味のある語句に限らず、記号を含む、一連の文字の並び（あるいは1文字）のことです。

　以下は、文字列の例です。

- りんご
- らず、記
- の並びが

　「文字列」という場合、言葉としての意味は無関係です。「らず、記」、「の並

びが」などは区切れ方が中途半端でそれ自体は意味をなしませんが、立派な文字列です。

　表記の統一では「文字列」という考えは重要になります。表記や用語のチェックでは、語句ではなく「特定のパターンの文字列」を検索したいことがあります。シンプルな置換リストでは、探しているそのままの文字列を使います。しかし、たとえば「文章××機能」のように、「文章」と「機能」のあいだに別の言葉が入っている語を検索するにはどうしたらいいでしょうか。Wordでは、「文章??機能」のように、探す文字の数だけ「?」を入れます。すると「文章編集機能」と「文章校正機能」の両方が見つかります。この「?」のような特殊な意味を持つ文字を、ワイルドカードといいます。ワイルドカードとは、もともとトランプのポーカーで、他のどのカードにもなれるカードです。「ジョーカー」と言ったほうが分かりやすいかもしれません。このワイルドカード機能を使うには、以下の操作をします。

　Word 2003〜2010の操作手順：Ctrl+Hで［検索と置換］ダイアログ ボックスを表示し、［オプション］ボタンをクリックして［ワイルドカードを使う］のチェック ボックスをオンにします。

　「正規表現」も、特定のパターンの文字列を検索する機能です。チェック リストで正規表現を使うと、さまざまな誤字・脱字のパターンを簡単に発見できます。テキスト エディターには正規表現の機能を持っているものが多くあります。Wordのワイルドカードは、正規表現を簡単にしたものと考えることもできます。

　ワイルドカードや正規表現を使うと、ひらがなだけ、カタカナだけ、漢字だけの文字列を検索することなどもできます。また、検索するだけでなく、置換することもできます。詳細な説明は省略しますが、以下にいくつかのWordで使える正規表現（ワイルドカード）の例を示します。全角と半角の違いに注意してください。

検索する対象の文字列	正規表現で検索する文字列	正規表現で置換する文字列
ひらがなが20文字以上続く箇所	[ぁ-ん]{20,}	（なし）
カタカナが10文字以上続く箇所	[ァ-ン]{10,}	（なし）
漢字が10文字以上続く箇所	[亜-龠]{10,}	（なし）
カタカナ複合語の分かち書き	([ァ-ンー])・([ア-ン])	¥1 ¥2
百半ルール（句点と句点の間で、『。！？』と改行以外の文字が100字以上ある（句点を含めて101字以上の）文字列）	。[!。！？^13]{100,}。	（なし）

「龠」は、シフトJISに含まれる漢字を、Unicodeの順番で並べたとき、漢字の範囲の最後になる字です。手書き入力で入力して、「さいご」などのような読み方で単語登録するとすぐに入力できます。

　正規表現は、非常に高機能ですが、使いこなすには少し学習が必要です。正規表現は、1種類しかないのではなく、「方言」のように、ツールによって正規表現の表し方が異なることがあります。Wordやテキストエディターのヘルプ、各種ウェブサイトなどでは、正規表現の基礎知識が紹介されています。

編集記号の表示を切り替える

　ワープロでは、段落やタブなどの編集記号の表示を切り替えることができま

す。編集記号を表示すると、段落記号が入っている箇所、不要なスペース、半角スペースと全角スペースの違いなどがすぐに分かります。同様の機能が、Word、一太郎、Writerのすべてにあります。

　編集記号はいつも表示したままだと、じゃまかもしれません。必要なときだけ表示できます。Wordの［オプション］から、表示を切り替えることができます。以下の手順を使うか、Word 2003以降では、ショートカット キー Ctrl+Shift+8（テンキーではないほうの8）を使うと、さらにすばやく切り替えられます。

　Word 2003以前の操作手順：［標準］ツール バーで、［編集記号］の表示を切り替えられます。

　Word 2007以降の操作手順：［ホーム］タブの［段落］グループの右端にあるボタンで切り替えられます。

字数計算で字数を把握する

　Wordでは、**文字カウント機能**で字数をすばやく確認できます。Word 2003以前では、［ツール］メニューから［文字カウント］を選択することで確認できます。一太郎、Writerにも同様の字数計算機能があります。日本語文書の場合は、「単語数」ではなく「文字数」に注目します。日本語で何字あるかという場合は、「文字数」が問題になります。Wordは英語版のソフトを元にしているので、基準は語数（単語数）です。英語の単語数といった場合は、なにも迷うことはありません。しかし、「日本語の語数」とは、なにを指すのでしょうか。「語数」では、日本語は1文字を1語とし、morningといった英単語などは1語として数え、その合計になります。つまり、2文字以上の英単語が1語でもあれば、字数のほうが語数より多くなります。

　文字列を選択した状態で［文字カウント］を選択すると、**選択されている箇所の字数だけがカウント**されます。文字列を選択していない状態では、文書全

体の語数がカウントされます。Word 2007/2010では、ステータス バーの左側の［文字数］という箇所に、リアルタイムで語数が表示されます。語句を選択した状態では、選択した語句の語数が表示されます。語句を選択していない状態では、文書全体の語数が表示されます。ただし、これは実際には、字数ではなく前述の「語数」であることに注意してください。日本語での「文字数」を知りたい場合、表示されている数字の上をクリックすると、字数が表示されます。このことを忘れていると、一定の字数で書く場合に、「完成した」と思った後でも修正が必要になることがあります。

字数計算は、執筆作業の進行具合を確認するために役立ちます。長い文書を書く場合、進行具合が分かれば、1日にどれだけ作業するべきか、そしてどれだけ作業したかを把握できるので、計画的に執筆できます。長い文書をどれだけ書き進めたか手がかりがないと書き続けるのが苦しいですが、「今日は3000字書き進んだぞ」ということが分かれば、大きな励みになります。

原稿用紙での枚数を確認する場合は、注意が必要です。原稿用紙には、上記の字数計算では計算されない余白の升目があります。字数カウントでの字数は300字程度でも、400字詰め原稿用紙にいっぱいになることもあります。Word 2007以降では、文書を原稿用紙の形式に変換できます。

Word 2007以降での操作手順：［ページ レイアウト］タブで［原稿用紙設定］をクリックします。

原稿用紙の形式に変換すると、太字などの書式は失われてしまいます。この場合、作成中の文書ファイルをコピーしておいて、そのコピーを原稿用紙形式に変換すると、オリジナルに手を加えずに、原稿用紙の枚数を安全にカウントできます。長い文書を最初から原稿用紙形式で書くのはお勧めしません。1画面に表示できる字数が少なくなり、文書全体の構造や前後の関係を把握しづらくなるからです。

Word 2003では、原稿用紙でない形式を、途中で原稿用紙形式に変換する

ことはできません。原稿用紙形式の文書を新規作成して、そこに他の文書をテキスト形式で貼り付けると原稿用紙での枚数を確認できます。

表記の揺れを統一する

表記の揺れチェック機能は、表記の統一をする場合に役立ちます。

Word 2003以前の操作手順：［ツール］メニューで［文書校正］をクリックすると文章校正の後に行われます。［表記ゆれチェック］をクリックして実行することもできます。

Word 2007以降の操作手順：F7キーを押すと、文章校正の後に行われます。

送りがな、ひらがなと漢字の表記、音引き、中黒、全角・半角、「インターフェイス」と「インタフェース」などのカタカナ語の表記が乱れている場合に指摘します。この機能では、多くの表記の揺れをチェックできますが、文章校正機能と同様に、完ぺきではありません。厳密なチェックが必要な場合は、チェックリストと置換ツールを使います（234ページを参照）。一太郎にも同様の機能があります。

Wordにコピーして作業する

Word以外の文書のテキストをコピーして、Wordに貼り付ければ、文章校正や字数計算などの、Wordにしかないさまざまな機能を使うことができます。当たり前のようですが、「電子文書はいくらでも簡単にコピーできる」というこの考え方は、さまざまなソフトの組み合わせに応用できます。たとえば、PDF形式の文書の字数を計算する場合、PDF文書をAdobe Readerで開いて、全文をコピーし、空のWord文書に貼り付けます。

変更履歴で変更を記録する

変更履歴機能は、文書に対する変更（削除、追加、修正）を記録する機能です。

Wordでの操作手順：変更履歴をオンにするには、Wordのステータス バーの［変更］をダブルクリックするか（Word 2003以前）、ショートカット キー Ctrl+Shift+Eを押します（全バージョン）。

　自分が行った変更も確認できますし、だれが行った変更か、変更した人をチェックすることもできます。特に複数の人数で同じ文書を編集する場合に、役立ちます。だれが文書の最終責任者かはっきりさせておき、その最終責任者が、その他の人によるすべての変更点を順番にチェックして、変更を認めたり、取り消したりできます。変更箇所を一度にすべて承認することもできます。

　他人に文書をチェックしてもらう場合、チェックする人が、文書自体を直接、編集して変更することがあります。この場合、どこをどう変更したか、分かりません。自分の意図とは正反対のことが書かれているかもしれません。変更履歴を使うと、確実に確認できます。

　あまり長期間、変更履歴を残しておくと、修正箇所が増えすぎて、見づらくなります。変更履歴は、文書の最終責任者がときどきチェックして、問題がない修正箇所を確定します。修正箇所を確定する前に、文書を別の名前で保存して、「版」として残すことができます。たとえば、「4月プロジェクト報告書1版.docx」、「4月プロジェクト報告書2版.docx」のようにできます。

　変更履歴を使わず、目で見て変更点を確認しようとすると、時間と手間がかかり、見落としが発生します。しかし、「文書の比較」機能を使えば、変更履歴を使っていなかった場合でも、2つの版の文書を比較し、どこが変更されたか確認できます。

　Word 2003以前の操作手順：［ツール］メニューで［文書の比較と反映］をクリックします。

　Word 2007以降の操作手順：［校閲］タブで［比較］、［比較］の順にクリックします。

「文書の比較」は、最後の手段です。「文書の比較」で後で比較するよりも、最初から変更履歴を使ったほうが、手間が省けます。
　また、テキスト エディターにも、2つのテキストを比較し、違いを示す機能があることがあります。

文書をいじらずにコメントしてもらう

　変更履歴機能では、文書そのものを直接変更します。これに対して、文書そのものをいじりたくない場合には、コメント機能を使って、文書内の語句に対してコメントを入れることができます。

　Word 2003以前での操作手順：コメントを挿入する箇所を選択して、［挿入］メニューの［コメント］をクリックします。

　Word 2007以降での操作手順：コメントを挿入する箇所を選択して、［校閲］タブの［コメント］をクリックします。

　蛍光ペン機能と同様に、コメントの対象範囲は目立つようにハイライトされます。文書のどこからどこまでの箇所についてのコメントなのかをはっきり示すことができます。また、だれのコメントかも区別されます。自分で書いている際の覚え書きや、他人への申し送りをするときに便利です。

　コメント機能を使うと、文書そのものとは切り離してコメントを扱うことができるので、コメントの見落としがありません。また、文書のレイアウトを変えずに済みます。コメントは、順番にチェックしていくことができます。読み手に対する注ではなく、文書の作成者や校正者が、文中に直接、「※注記※」、「■注意■」のような記号を使って、注記を入れることがあります。この場合、うっかりして、最終版に注記をそのまま残してしまうことがあります。記号ではなく、コメント機能を使うと、このような事故を防げます。

　Writerにも「コメント」機能があり、一太郎にも似た機能として「付箋」機能があります。

コメントは、複数人数が何度も付けてあまりにも数が増えてくると、確認しづらくなります。重要なコメントを見逃してしまうこともあります。そのため、コメントの内容を確認したら、文書のコピーを作成した後、適宜、コメントを削除します。変更履歴と同様に、文書のコピーを作成して、その時点までの「版」として残しておけば、最新版では削除した、古いコメントの記録を残せます。

　チェックする人には、変更履歴ではなく、コメント機能だけを使ってほしい場合は、「文書の保護」機能を使います。「文書の保護」機能を使えば、文書の変更を許可せずに、コメントだけを付けてもらえるように文書を保護できます。

　Word 2003以前での操作手順：[ツール] メニューで [文書の保護] をクリックします。

　Word 2007での操作手順：[校閲] タブで [文書の保護] をクリックします。

　Word 2010での操作手順：[校閲] タブで [編集の制限] をクリックします。または、[ファイル] タブ、[情報]、[文書の保護] の順にクリックします。

Wordで校正しつくす

　Wordで文書を作成した後で、プロがレイアウトを行い、最終的にPDF、HTML、DTP用の形式など、その他のファイル形式に変換することがあります。この場合、一つ鉄則があります。**レイアウトをする前に、Wordのコメントと変更履歴のやりとりをし尽くして、テキストとしての内容を完成させる必要がある**、ということです。レイアウトと同時に編集者が文書の内容を大きく変更してしまうと、書き手はどこをどう変更されたかすぐに分かりません。**Word文書をPDFなどの他ファイル形式に変換するのは、最後の段階**で行います。Wordのコメントや変更履歴機能は、レイアウトの前に行うことで、細かいレイアウトよりも文書そのものの内容に集中できます。DTPによるレイアウトが完成したPDFでも、Adobe AcrobatなどのPDF編集ソフトでコメント

を付けたり校正したりする方法はあります。そうすることが必要な場合もありますが、電子校正の方法は標準化されていないため、問題が見逃されることもあります。なお、テクニカルコミュニケーター協会では、電子校正のガイドラインを作成、配布しています[26]。

　この他にも、Acrobatでは文字列の検索はできますが、置換ができません。つまり、「テキストデータ」という表記が100回あって、「テキスト データ」という表記に修正する場合、100回検索して、100回手作業で修正する必要があります。表記の修正は、Wordの段階で行うほうがずっと楽です。また、文書をWindowsで作成して、DTPをMacで行うと、フォントなどの問題が増えてしまうこともあります。文書を電子書籍化する場合も、PDFを最終版とするよりは、Word文書から変換したほうがスムーズにできます。PDFでのコメントは、あくまで最後の微調整なので、その前にWordでしっかり校正すべきです。

長い文書を楽に編集するには

　長い文書を書く必要があるとき、見るだけでもうんざりかもしれませんが、楽に編集する方法がいくつかあります。

　まず、アウトラインの構造がしっかりできていれば、アウトライン表示に切り替えて、長い文書の全体を見渡して作業できます（167ページを参照）。「Webレイアウト表示」では、紙のサイズではなく、ウィンドウの横幅いっぱいまで使って表示できるので、一度に表示できる文字数が多くなります。

　また、文書を「分割して表示」すると、長い文書の中で、離れた2つの場所を比べて編集できます。たとえば、1ページにある導入部と、8ページにある結論を、同時に表示して編集できます。

　Word 2003以前での操作手順：［ウィンドウ］メニューで［分割］をクリックします。

---

[26] http://www.jtca.org/standardization/index.html

Word 2007以降での操作手順：[表示] タブで [分割] をクリックします。

　最近は、大画面の液晶モニターも非常に安価になっています。また、複数のモニターを使う、マルチ モニターにすると、多くの情報を表示できます。いくつかのモニターは、縦に回転して使うこともできます。A3くらいの大きさを縦に表示すると、長い文書を楽に確認できます。私は、3つのモニターを使い、そのうち1台を縦にして使っています。
　文書の一部を新しいウィンドウで開くと、長い文書内の別々の箇所を比較できます。文書の分割表示に似ていますが、新しいウィンドウを別のモニターに開くことができます。

　Word 2003以前での操作手順：[ウィンドウ] メニューで [新しいウィンドウを開く] をクリックします。
　Word 2007以降での操作手順：[表示] タブで [新しいウィンドウを開く] をクリックします。

日本語入力システム（IME）を使い分ける

　日本語入力システム（IME）は、パソコンで日本語を入力する仕組みです。IME（Input Method Editor）は、中国語や韓国語にもありますが、日本語については、便宜上、「日本語入力システム」と呼ぶこともあります。IMEは、ワープロから独立していますが、関連は深いといえます。Windowsで使われている主なIMEには、Microsoft IME、Office IME、ATOK、Google日本語入力などがあります。
　現在、多くのIMEには推測変換（予測変換）機能があります。これは、単語をすべて入力しなくても、数文字入力するだけで、入力候補を表示する機能です。携帯電話でも使われているので、おなじみかもしれません。慣れれば、長い語句でもスムーズに入力できます。

Microsoft IMEは、Windowsに標準で付属しています。古いバージョンを含め、Office製品を所有している場合は、より高機能なOffice IME[27]も無料で使用できます。

　ATOKは、ジャストシステムによるIMEです。携帯電話や携帯機器などでも使用されており、精度の高さと機能の豊富さには定評があります。

　Google日本語入力[28]は、IMEの中でも、最近、現れたもので、無料で使用できます。機能の多彩さでは他のIMEに及びませんが、固有名詞については抜群の精度を持っています。大昔の人物から、最近の歌手や俳優、地名など、すっきり一度で入力できます。固有名詞のためだけに、ダウンロードしておいても損はありません。

　いくつかの名詞で、複数のIMEによる漢字変換を比較してみました。

読み	Google日本語入力	ATOK 2008	Microsoft Office IME 2010
じゅこういんしょうへきが	聚光院障壁画	受講印象壁が	受講印象壁画→聚光院障壁画
どうしょくさいえ	動植綵絵	同植栽絵	動植綵絵
らんじゃたい	蘭奢待	欄じゃ対	蘭奢待
しぶさわたつひこ	澁澤龍彦	渋沢達彦→澁澤龍彦	渋沢竜彦→澁澤龍彦
むらやまかいた	村山槐多	村山書いた	村山書いた→村山槐多
あいみつ	靉光	愛光	靉光
ようへん	窯変	ようへん	窯変

　変換結果は、以前の変換結果にも左右されることがあるので、どのパソコンでも上記のとおりになるとは限りません。あくまで参考としてください。Google日本語入力は、「どうしょ」などと入力しただけで、推測変換により「動植綵絵」が候補に表示されます。上記のその他の固有名詞も、同様に推測変換

---

27 http://www.microsoft.com/japan/office/2010/ime/default.mspx
28 http://www.google.com/intl/ja/ime/

で、長い単語を入力しなくてもすべて正しい変換ができています。意図どおりの入力ができる爽快感があります。ATOKでは、上記の表の語句はどれも変換候補として出てきません。これらの固有名詞を入力、Office IMEは、推測変換では出てこず、「らんじゃたい」とすべて入力した後で、変換候補として出てきました。上記のその他の固有名詞も、同様でした。

　私が翻訳ツールの講座を実施したとき、Office IMEで変換できない固有名詞の例を出そうとしたのですが、どれも変換できてしまいました。少なくとも固有名詞については、最近のOffice IMEはかなりのレベルのようです。

　なお、Google日本語入力のデータはウェブに基づいていることから、正式な名称や読み方とは限らないこともあるようです。ATOKでは、(固有名詞ではありませんが) 誤った用法については、きめ細かく指摘がされます。

　また、なかなか変換できない固有名詞は、読みをひらがなでGoogle検索すると、漢字表記をすばやく見つけられます。

説明に役立つ、文章以外の要素

表やグラフを使って説明する

　「Aの場合はBとC」、「Dの場合はEとF」といった事柄を分かりやすく示すには、箇条書きよりも表が適しています。表が使えるにも関わらず、無理にすべてを文章で書こうとして、長く、分かりづらくなることがあります。テキスト形式で表が作りづらいならともかく、簡単な表なら、Wordなどのワープロですばやく作成できます。複雑な表は、Excelなど表計算ソフトを使用したほうが楽に作れます。

　Excelを使うと、表から簡単にグラフを作ることもできます。数値が時間によって変化することを示す場合などは、グラフにしたほうが分かりやすくなります。Excelで作った表やグラフは、Wordに埋め込むことができます。この

埋め込み機能は便利ですが、あまり大量の表を埋め込むと、Wordの動作が重くなったり、文書ファイルが壊れたりする原因になることがあるので注意が必要です。

ただし、表がむやみに多いと、読み手は、その表をどう解釈していいか分かりません。表は、データを示すツールですが、そのデータを解釈して説明するのは、本文の役割です。

図や写真を活用する

実務文書では、なにもかも文章だけで説明する必要はありません。文章に加えて、適宜、**図や写真を使ったほうが分かりやすく説明できる**こともあります。これも、創作文書と実務文書の違いの一つです。必要なことを説明する最善の手段を選ぶとき、図や写真を使ったら反則ということはありません。たとえば、講習用に4つのテーブルと椅子の配置の関係を細かく説明するといった場合に、すべて言葉で説明するよりは、図で示したほうが正確です。ただ、図や写真は、むやみに使うのではなく、効果的な使い方を考える必要があります。

図は、物事の相互の関係、包含関係、時系列の変化などを視覚的に把握できます。デザイン的に高度な図を作る方法は、多数あります。外部ツールで作成した図を、画像化して埋め込むこともあります。22ページの**図1**や35ページの**図2**は、Xmindというツールで作成した図です。図については、デザインや配色のセンスなど、上を目指せば、文章とは独立した分野になってしまいますが、ビジネス文書向けの手軽な方法としては、Word内部の図形作成機能を使うことができます。Office 2007以降では、SmartArt機能を使うと、色や形がデザインの観点から調整された、見栄えの良い図が簡単に作れます。

図、写真、表、グラフに共通することは、本文との関係をはっきりさせる必要があるということです。そのためには、図のタイトルや番号を明記し、本文でそのタイトルか番号を参照します。写真やイラストは「飾り」であることもあります。飾りには、飾りなりの意図と効果があります。しかし、飾りではな

い図や表では、本文との関係が不明なままだと困ります。

　PowerPointを使っても、手軽に図を作成できます。1枚のPowerPointスライドを、Wordに図として埋め込むことができます。245ページの図は、SmartArtも使った、埋め込みPowerPointスライドの例です。こうすれば、同じ図を、Wordの図としても、PowerPointスライドとしても使えます。Word文書と同じ内容で、プレゼンテーションをする場合は、手間が省けます。

　PowerPointによるプレゼンテーションは、Wordの文書作成とは、目的や使い方が大きく異なります。本書では、プレゼンテーションそのものについては述べませんが、プレゼンテーションと文書作成は実際には関連性が高いことがあります。プレゼンテーションで、「文字がぎっしり詰まったスライド」を何枚も見せられてポイントが分からなかったことはありませんか？　プレゼンテーションの技法では、視覚とイメージに訴え、厳選した情報（ポイント）を強く印象付けるのが目的です。上手なプレゼンターは、1枚のシンプルな写真や数字だけで、聴衆に深い印象を残すことができます。プレゼンテーションは、時間との勝負でもあるため、短い時間で、効果的にポイントを伝え、記憶に焼き付ける必要があります。アメリカ大統領選挙のディベートでもそうですが、「何秒でどれだけのメッセージを伝えられるか」という考え方になります。これに対して、Wordの実務文書では、そこまで視覚的にする必要も、時間にこだわることもありませんが、図や写真を活用して、効率的に、また上手にポイントを伝えることは重要です。

　写真やイラストは、Office製品のクリップアートを使うのが手軽です。クリップアートは、視覚的な比喩ともいえます。「協力」、「問題」、「解決」のようなキーワードで、求めているイメージに合う写真やイラストを検索できます。ただ、Officeのクリップアートだけでは、似たものになりがちですので、余裕があれば、ウェブで素材を探すこともできます。ウェブ上に素材は多数ありますが、ビジネス用途で使用できるか、著作権を確認する必要があります。自分で撮影した写真でも、人物であれば被写体の肖像権、モノであれば被写体所有

者の権利を侵害していないか、配慮が必要です。

　クリエイティブ コモンズと呼ばれる、著作物の使用許可を示す仕組みがあります。いくつかの種類がありますが、クリエイティブ コモンズのマークがあれば、原著作者の名前を表示するなどの一定条件下で、写真やイラストなどを、他者の著作権を侵害せずに、安心して使用できます。文書自体についても、クリエイティブ コモンズなどを使えば、共有と再利用を促進できます。なお、用語集形式UTX（227ページを参照）でも、クリエイティブ コモンズの仕組みを使って、安心して用語集を共有・再利用できるようにしています。

13 メモ取りソフトの活用

> **この章の主なポイント**
> - メモ取りツールは情報収集、整理、発想のためのツール
> - 線的なテキストに対して、OneNoteでは、面的に発想を広げられる
> - メモ取りはタイムスタンプで時系列の関係が作れる

OneNote と Evernote

　文章は、情報収集→情報整理/発想→情報発信（文章化）という手順で書きます。文章を書く材料を集め、整理する段階では、メモ取りソフトが便利です。本章では、メモ取りソフトとその使い方について紹介します。メモ取りソフトは、ワープロともテキスト エディターとも機能が異なります。Microsoft OneNoteは、メモ取りソフトの一種です。OneNoteでは、さまざまなテキストをすべて取り込んで、あたかも一つの大きなノートのように扱うことができます。最新のOneNote 2010では、複数人数がリアルタイムで同時編集することもできます。

　Evernoteは、無料版もあるメモ取りソフトです。さまざまなスマートフォンやタブレットでも利用でき、パソコンと同期できる点が優れています。オフラインで使用するには、有料版が必要です。

　私は、1995年ころから、電子文書でメモを取っています。それ以前は、KJ法などのカードを使う発想法にも関心を持ち、小さい紙片でメモを取っていました。その後、ノート パソコンや携帯機器でメモを取り始めました。日々、思ったこと、考えたこと、うまいアイデアなど、なんでもありです。鉛筆やペンはまったく使わなくなりました。メモしたテキスト情報は、その後、OneNoteにすべて取り込んでいます。仕事から生活、趣味に至るまで、すべてのメモというメモをすべて一括管理しています。このように電子文書化して

いるため、**16年間のノート、アイデアをすべて一瞬で検索**できます。OneNoteもEvernoteも、製品の命名には特定の意図が感じられます。OneNoteは、すべてのメモ（ノート）を1つのノートで集約管理するということでしょう。Evernoteは、ずっと使い続けられるノート、という意味と思われます。

メモの集約管理で重要なのが、**正確な表記と用語**です。誤記やスペルミスがあったり、「問い合わせ」と「問合せ」のように表記がばらばらだったりすると、目的の情報を探せません。なお、OneNoteは、本書の下書きにも使っています。実売価格では約9000円と、比較的、高価なのがネックですが、紙の多機能な手帳やプランナーは、もっと高価なものもあります。Office 2010では、標準でOneNoteが含まれている場合もあるので、確認してみるとよいでしょう。

OneNoteにも、Evernoteにも、ウェブページの保存機能はありますが、私は、ウェブページの記録には、別に、紙Copiというソフトを使っています。画像化しなくても、元のページの一部または全体を、正確なレイアウトを保ったままHTML形式で保存できるからです。消えてしまうことがあるウェブページは、保存しておくほうが安心です。画像化して保存すると、利点もありますが、文字検索できるようにするには、HTMLで保存する必要があります。

［情報整理のツールとして

OneNoteでは、情報を整理する仕組みとして、ノートブック、セクション、ページがあります。ノートブックにはセクション、セクションの中にはページが含まれます。私は、OneNoteを2005年から使っており、今年で7年目です。現在、私のOneNoteでは、5つのノートブックに合計で54のセクション（タブ）があり、それぞれに約10〜60のページがあります。1ページの情報量はさまざまですので、全体の情報量を計るのは難しいですが、テキストの分量としては

かなりあります。

　関連性の高い情報は、ノートブック、セクション、ページに仕分けします。文字情報であれば、これらのページのどこにあっても検索することはできます。メモをテキスト文書だけで記録している人もいるはずです。しかし、メモをまったく整理せずに記録したままだと、情報を活用できません。情報を集めるのは、記録のための記録ではなく、自分で情報発信することが目的の場合があります。関連性のある情報は、似た場所にまとめておくことで、次の段階として、人に見せ、使ってもらえる情報に変えることができます。

発想するためのツール

　OneNoteは、発想するためのツールとして、マインドマップに似た活用もできます。マインドマップは、いくつものキーワードを、中央から木の枝のように追加していくことで視覚的に発想する方法です。ブレーン ストーミングのように、いくつも思いついたキーワードを並べ、入れ替え、さまざまな色や図形を使い分けることで自由な発想を促します。無料で使えるマインドマップのツールには、Xmind[29]があります。22 ページの**図1**や35 ページの**図2**は、Xmindで作成しました。以下の**図6**は、本書のタイトル案を検討するときにア

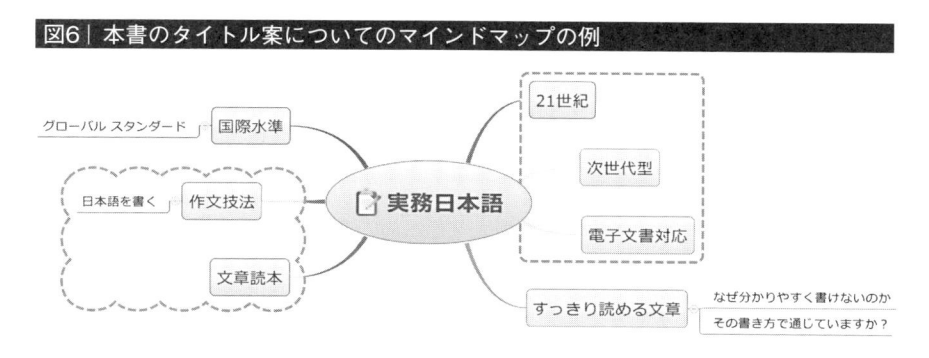

図6｜本書のタイトル案についてのマインドマップの例

---

[29] http://jp.xmind.net/

イデアを練るために作成したものです。マインドマップの方法論によれば、キーワード自体は簡潔にすることになっています。まずは自分で考えを発展させるツールではありますが、他人に解説する図としても効果的です。

　OneNoteでは、厳密なマインドマップとは少し違い、テキストを主体にできます。つまり、キーワードだけでなく、より具体的な文章を含めることができます。最終的に文章にする場合は、このほうが好都合です。

　また、OneNoteでは、ページ内のどの場所にも文字を入力でき、位置を自由に配置できます。テキスト形式では、文書の始まりから終わりまで、線的で、一次元な広がりしかありません。これに対して、OneNoteでは、テキストの入ったボックスを縦横に配置でき、場所を二次元的に入れ替えられます。つまり、**OneNoteでは、メモの面的な活用ができ**、キーワードの意外な組み合わせから、新しい発想を生むことができます。Evernoteでは、ページ内で文字を配置するには、表などを使う必要があります。

　OneNoteやEvernoteなどのメモ取りソフトでは、見出し、太字、フォントの大きさ、文字の色、箇条書き、チェック リストなどの書式を使うと、直観的に分かりやすくできます。テキスト形式だけでは、重要な箇所を目立たせることや、色で区別することが難しくなります。

　メモ取りソフトは、情報整理ツール、発想ツールでもあります。すばやく情報を収集し、より整理した形にまとめる手助けとなります。最終的には、WordやPowerPointなどで、断片的なアイデアを「他人に見せる形」に練り上げます。OneNoteには、写真、音声、ビデオなどの貼り付けや、電子ペンでの自由な書き込みができます。これらのマルチメディア情報は、記録としてそのままでも役立ちますが、文章を書く重要な材料でもあります。また、この段階での、フォントの大きさ、文字の色などのテキスト書式は、自分で思い出し、印象付け、発想するための手がかりとして使うものです。最終的には、テキストが主体のワープロ文書を作成する場合でも、アイデアを練り、文章として形作る過程では、マルチメディアやテキスト書式が役立ちます。

メモの取り方

　アイデアが浮かんだとき、「この情報はどこにまとめるべきか」などと整理のことまで考えている余裕はありません。このようなとき、ひとまずは浮かんだ考えを入力することに集中します。この、とりあえずのメモでは、テキストエディターも使えます。後で、OneNoteやEvernoteに分類して整理できます。

　アイデアをメモするときは、なるべく具体的に書くようにします。あまりに略して書くと、後で自分がなにをメモしたのか分からなくなります。パソコンでは、手で書くよりは楽に速く記録できるので、わずかの手間を惜しまず、可能な限り具体的に書くことをお勧めします。IMEの推測変換（省入力）機能（190ページを参照）を活用すれば、長い文章でも楽に入力できます。その場では詳しく書く時間がなければ、記憶が新鮮なうちに補足します。

　メモを取るときは、タイムスタンプを付けることをお勧めします。これは、「2011/10/28 17:52」のような日時、できれば時間も記録するということです。いつ書かれたか、という時系列の情報があれば、断片的にしか記録できなかったメモが解読できなくても、思い出すきっかけになります。特定の日付の何時に書かれたということが分かれば、「勉強会の後の飲み会で田中さんから聞いた興味深い話のことだな」ということが分かります。もちろん、このためには、予定表で時間管理をしていることが前提になります。OneNoteでは、入力時に、タイムスタンプが、非表示の状態で自動的に記録されます。ただ、一目で確認するには、目で見える形でタイムスタンプを記録したほうがよいでしょう。OneNoteでは、Ctrl+Alt+Fのショートカット キーで、タイムスタンプを入れられます。テキスト エディターでも、同様のショートカット キーでタイムスタンプを付けられることがあります。

　OneNoteは、マイクロソフト系のスマートフォンでは、モバイル版がありますが、私はそれを使わずに、スマートフォンではテキスト文書でメモを取っ

ています。そのほうが、目で見て確認できる形でタイムスタンプを挿入できるからです。そのテキスト文書をパソコンと同期して、OneNoteに取り込んでから整理しています。

14 文章と表現を鍛える 字数制限ダイエット

> **この章の主なポイント**
> - 【字限ルール】限られた文字数で、最良の文を書く
> - 文章を引き締めるには、余計な言葉を削る
> - 読みやすさを互いにチェックし添削する

長い実務文書は読まれない——要点をうまくまとめる

　実務文書は、要点をうまくまとめ、簡潔にする必要があります。長い実務文書は読んでもらえません。実務文書は、読むこと自体が楽しいような小説ではないからです。小説は少しくらい長くてかまいません。ハリー・ポッターのシリーズの各巻はどれも分厚いですが、熱心な読者は、各巻が数十ページしかなければがっかりするでしょう。もっとも、原著で3000ページ以上あるらしいプルーストの『失われた時を求めて』や、メルヴィルの『白鯨』は、長すぎてなかなか手が出ないということもありますが。

　文書の構成がうまくできていないと、同じことを繰り返し書くことになり、むやみに長いわりにはなにが言いたいか分からない、ということになります。本書を書いたときも、最初から最後まで、現在の章の順番のとおりに書いたわけではありません。似たような場所は削ったり、他の箇所と合わせたりして、なんども整理を繰り返しています。

　文書全体を簡潔にするには、一つ一つの文を簡潔に書くことも非常に重要です。ただ、不要な文や段落は丸ごと削除したほうがよいこともあるので、文書全体を見渡して簡潔に書けているかのチェックが必要です。

【字限ルール】限られた文字数で、最良の文を書く

　書かなくてもよいことを書くと、読み手を混乱させることがあります。世の中には言わないほうがいいことがたくさんあります。特に、字数が限られている場合に、むりやり説明しようとするのはよくありません。小さい洗濯機に洗濯物をむりやり詰め込んで洗おうとするようなものです。2回に分けないときれいに洗えないものです。

　実務文章の書き手は、たとえはっきりした**字数制限**がなくとも、**限られた文字数で、最良の文を書く**必要があります。これを「**字限ルール**」と呼ぶことにします。『星の王子様』のサン テグジュペリは、「完璧な作品とは、足せるものがなくなったときではなく、取り去るものがなくなったときに完成する」という意味のことを言っています。ワープロでは、紙数などの物理的な制限が緩いため、どうしても油断してだらだら書いてしまうことがあります。紙数に制限のないネットや電子文書でも、無限に書けるように思いがちです。しかし、読み手が、書き手の書いたものを読むために使う時間は限られています。**字数は無限でも、読み手の時間は常に有限**ということです。大量に書いたら、その書いた分だけ、読み手がすべて読んでくれるわけではありません。余計なことを書くと、本当に重要なことまで見えづらくなってしまいます。読みたい文書、読む必要がある文書がたくさんある中で、いかに読み手の注意を惹いて、要点を伝えるかが重要です。それができない文書は、どんなに力を入れて書いても、一度も読まれることがないでしょう。電子文書では、そのため、限られた時間内で読んでもらえる内容に絞り込むことを、紙媒体以上に意識する必要があります。会話の中でも、とっておきのジョークを言えるタイミングは、そう多くはありません。読み手が時間を割き、注意を払って文書を読んでくれるのは、得難いチャンスです。手持ちのカードをよく選んで、最大限に有効に使いましょう。

推敲で文章のダイエット——余計な言葉を削ると文章が引き締まる

　日本語力を磨く具体的な訓練方法の一つは、限られた字数内で文章を推敲することです。字数制限は、さまざまな場面で応用できます。昔から、俳句、川柳、和歌などは、みな字数制限があります。要約して翻訳する「抄訳」も、字数制限があります。字幕翻訳や吹き替え翻訳でも、厳しい字数制限があります。ソフトウェアの翻訳でも、文字を画面内のスペースに収めるために字数制限があります。電子文書では、紙媒体ほど厳しい字数制限はありませんが、字数の目安はあります。

　なぜ字数制限をすることで日本語力を磨くことができるのでしょうか。文章を限られた字数に収めるには、言葉を注意深く選ぶ必要があります。また冗長な表現や、余分な要素をそぎ落とす必要があります。字数制限があれば、回りくどい書き方をせずに、直截的に、簡潔に書かなくてはいけないため、文書が引き締まります。

　実務文章でも、ときおり「ぜい肉の付いた」文章や翻訳を目にします。このような「メタボ文」では、冗長かつ回りくどい書き方がされている一方で、読み手が知りたいことにはなかなかたどり着けません。国税電子申告・納税システムのウェブサイト[30]は、読み手を無視した悪文の宝庫であり、反面教師となる貴重な存在です。このサイトは、構成全体が悪く、字数が無駄に多いようでもあります。簡潔に書く訓練ができていないと、このサイトのようになります。

　たとえば、このサイトには、以下のようなメタボ文があります。

- 「e-Taxソフトを利用する際には、常にe-Taxソフトが最新状態となるよう、必ずe-Taxソフト更新履歴及びe-Taxソフトのバージョンアップ確認を行ってください。」（66文字）

　字限ルールに従って、不要な重複を削り、簡潔に書き換えると、半分程度に

30　http://www.e-tax.nta.go.jp/

できます。「e-Taxソフト」についての説明であることは文脈から明確なので、くどく書く必要はありません。

- 「常に最新状態となるよう、必ず更新履歴とバージョン アップを確認してください。」（37文字）

このようなことは、人間ではなく、e-Taxソフトが自動的にすれば、この文自体が不要なのですが……。

ポイントをつかんで要約する

字数制限に似た考え方として、「要約」があります。要約力は、文章技能の中でも非常に重要なもので、読解力を上げる、非常に良い訓練です。他人の文章も、要点が分からないと要約できません。まとまりがない文章を要約するのはつらいものです。他人の文章の要約をすると、自分でもどのように要点が分かりやすくなるように文章を書くべきかを、考えざるを得なくなります。

文章を読むときに使われる要約力は、文章の理解力にも反映されます。文章のポイントをうまく要約できれば、しっかり理解できているといえます。また、文章を書くときに使われる要約力は、頭の中の考えをまとめて文章にするときに使われます。字数制限とは、「要約するときの具体的な目標」ととらえることもできます。中学、高校から、大学まで、要約は、作文の訓練としてもっと実施されるべきでしょう。

陳腐な表現を避ける

実務文章では、もったいぶった書き方は避ける必要があります。使い古された陳腐な表現は、クリシェ（cliché）と呼ばれます。たとえば、「言うまでもない」という決まり文句は、論文でよく見られます。

×言うまでもないが、使い古された陳腐な表現は、クリシェ（cliché）と呼ばれる。

「言うまでもない」ということこそ言うまでもありません。読み手が、だれでも知っているようなことは書かなくてもいいわけですし、一部の読み手しか知らないことをそのように書けば、本当に知らなかった読み手は不愉快になるでしょう。このような文体に慣れきってしまうと、論文や報告書などでもなにげなく使いがちですが、「上から目線」で偉ぶっているうえに、まわりくどく、不快に感じることもあります。「〜できないこともない」のような二重否定も、もったいぶった言い方で、多用すると目障りと思われることがあります。四字熟語や慣用句も、多用すると、大げさになるか、滑稽になります。

類義語辞典——別の語に言い換えてみる

「美しい」、「丈夫な」、「眠い」、「すばやい」、「説明する」といった言葉の類義語をいくつ挙げられますか？　また、もっと類義語を知りたい場合はどう調べたらいいでしょうか。類義語辞典を使うと、別の語への言い換えを見つけて、語彙を増やし、表現を豊かにできます。残念ながら、日本語には、あまり良い類義語辞典がありません。『角川類語新辞典』のように、日本語入力システムのATOKに組み込めるものもあります。

英語では、作文にはよく類義語辞典を使います。類義語辞典は、日本ではあまりなじみがないかもしれませんが、英語圏ではthesaurus（類義語辞典）という語を知らない高校生はいないはずです。英作文では、必ずといっていいほど使います。Wordでは、どのバージョンでも、英単語の上を右クリックしてから、［類義語］をクリックすると、類似の言葉を選べます。たとえば、「説明する」の英語explainの類義語としては、clarify、elucidateといった言葉が思い浮かびます。しかし、類義語辞典を使うと、さらにdescribeという言葉も使

えることを思い出すことができます。

　英語でも、実務文章では別の言葉に言い換えると混乱するので、頻繁な言い換えはしません。しかし、英語の、特に新聞記事や小説など教養的な文章では同じ言葉の繰り返しを嫌う、という傾向があります。同じ言葉を繰り返すのは、芸がない、下手な作文と思われるわけです。日本語では、そこまで徹底して語の繰り返しを嫌うわけではありません。これは、日本語では主語や話題になっている語を文脈によって省略できるからかもしれません。

　類義語辞典で、いい言葉が見つかったとき、逆に分かりづらくならないか注意が必要です。「ちょっとかっこいい言い方」でも、分かりづらくなるだけのこともあります。創作文章の場合は、見慣れない言葉でもかまいませんが、実務文章では、分かりやすさが優先です。実務文章では、類義語辞典は、むしろ難しい言葉を分かりやすく言い換えるときに使うのが正しいといえます。

　類義語辞典は、似た言葉の使い分けも示しています。どの文脈でどの言葉を使うのが正しいかは慎重に判断する必要があります。ウェブ上の文書も参考になることもありますが、編集者や校正者のチェックが入らないことが多く、誤用が特に多いのであまりあてになりません。Googleブックスでは出版された書籍を検索して、言葉の用法を確認できます（116ページを参照）。ただ、著者が誤用している場合も非常に多いようです。辞書もいつも正しいわけではありませんが、信頼できる辞書の記述をまず参考にするのが安心です。

文章の削り方──書かなくていいことと書かないといけないこと

　文章では、なんでもかんでも書けば書いた分だけ、分かりやすくなるわけではありません。言わぬが花ということもあります。字数制限で日本語力を磨くには、以下のような点に注意して、読み返します。

- 内容に優先順位を付け、最重要の点をしっかりとらえる

- 重複を削る
- 重要度を比較し、取捨選択をする
- 文脈で分かることは省略する
- 簡潔な表現に言い換える

これらの注意点は、相互に関連しています。

内容に優先順位を付け、最重要の点をしっかりとらえる

文書の内容の重要な点や削除できる点を判断するには、文中のキーワード、キー センテンスを確認します。文レベルでチェックするときは、重要な言葉が文の最初にきているか確認します（94ページを参照）。段落レベルでチェックするときは、「キー センテンスは段落の最初（156ページを参照）」になっているか確認します。なにが重要なのか自分で読み返してみてもはっきりしなければ、文や段落自体を見直す必要があります。

重複を削る

不要な語を繰り返している場合は、重複する語を削除できます。

×チェスと将棋の起源は、どちらもインドが起源です。
○チェスと将棋は、どちらもインドが起源です。

文を読み返せば、同じ言葉が繰り返されているので、このような問題はすぐに分かります。

また、auのスマートフォンでは、au提供のアプリを使おうとすると、以下のような意味不明の日本語のメッセージが出ることがあります。

×ご利用いただくにはこの機種に設定されているau one IDを設定いただく必要があります。

ユーザーからしてみれば、「すでに設定されている（とメッセージで言っている）IDを、なぜまた設定する必要があるのか」ということになります。「再度、設定する」という意味なら、そう書けばよさそうなものです。ここでは、同じ言葉を繰り返すことで、ユーザーを混乱させています。

以下のような言葉が重なるのも、避けることができます。

×カスタマイズする方法を説明する方法について
×どのリソースを示すかを示します

「まず最初に」といった書き方は、「まず」と「最初」が意味的に重なるので、表現そのものが誤りと見なされます。

文単位以外に、文書全体でも、不要な繰り返しの説明を整理することも重要です。順序よく説明すれば、何度も同じことを繰り返さずに済みます。しかし、「重要なポイントは繰り返す」ことが必要なこともあります。特に、結論では、すでに本文で述べたことを要約して繰り返します。

重要度を比較し、取捨選択をする

不要と分かった箇所は、ばっさり切り捨てます。重先ルールが守られていれば、センテンスや段落の最後のほうが、削除できる候補になります。字数制限が厳しければ、具体例や詳細、裏付けなどは削り、ポイントだけ残すことになります。思い切って短くするときは、文、段落、項をまるごとすべて削ることもあります。項については、見出しが正しく付けられていれば、内容がすぐ分かるので、判断しやすくなります。

字数制限がないと、「せっかく書いた文章を削除する」という思い切りがなかなかできません。字数制限がない場合でも、自分で字数制限を決め、それを超える場合は削るようにすると、余分な箇所を減らせます。また、ワープロでは、ある部分を完全に削除する代わりに、新しい文書を作り、そこに余分な箇所を「待避」させておくという方法があります。後で考え直して、必要になっ

たときには、簡単に元に戻すことができるので、思い切って削ることができます。

文脈で分かることは省略する

省略して分かりづらくなってはいけませんが、誤解の余地がない前提、特に主語や目的語の一部は、省略したほうが簡潔になることがあります。ユーザー向けのマニュアルで、動作主体がユーザーと分かっているなら、何度も「ユーザー」という言葉を使う必要はありません。削ってみて、意味が通じるか確認できます。このとき、文のまとまりで動作主体が一貫していれば、最初に「だれが」、「なにが」ということさえ明確にしていれば、後の文では主語がなくても意味は通じます。前述のe-Taxソフトの文例も確認してみてください。

短い文でも、なにを省略すべきかを誤って、説明不足になっていることがあります。誤った省略がなぜ起きるのでしょうか。読者が知っていることではなく、自分が知っていることを基準にしているからです。読者の立場で読み直せば、なにが必要でなにが不要か見えてきます。

簡潔な表現に言い換える

文のレベルで、簡潔な表現に言い換えることができます。このことは、文の組み立ての章（89ページ）でも紹介しましたが、字数を減らすという効果もあります。以下は一例です。

- 「することができます」→「できます」

ニュアンスによっては、このような言い換えができないこともあります。簡潔に書くことは、あくまでも分かりやすく書くための手段です。簡潔に書くこと自体が、文章の目的ではありません。つまり、簡潔を重視するあまり、省略しすぎて分かりにくくなるのは本末転倒です。

他にも「〜と思います」、「〜と考えられます」と書いてしまいがちですが、

思い切って「〜です」と断言したほうがシンプルです。

- 「と思います」→「です」

　メールなどでは相手にさりげなく要望を伝えるときなどに「と思います」で語調を弱めたくなりがちですが、実務文章で、あまり自信がなさそうに書かれると、読み手が困ります。断言できないことなら、いっそ書かないほうがいいこともあります。

総合練習：削って分かりやすくする

　上記のポイントと、実務日本語の基本ルール（百半、重先、字限）を踏まえて、実務文章を削って分かりやすくする総合練習で、いくつかの文を添削してみます。「裁判員制度」ウェブサイトに再登場いただいて、以下の文を分かりやすく書き換えてみます。

×裁判員になることが特にむずかしい特定の月がある場合に関する辞退希望について[31]（37文字）

　この文は「見出し」ですが、こんなに長いと、見出しの機能を果たせません。見出しは、ある項の内容を簡単にまとめたものですが、一つ一つがこんなに長くては、読むほうが大変です。以下のように、半分以下にできます。

○裁判員になることが難しい月に辞退を希望する（18文字）

　「について」という語はなくてもかまいません。「希望」と体言止めするより、動詞にしてみました。あくまで、「希望」を出せるというだけで、確実に辞退できるというわけではないようです。「特にむずかしい特定の」などとは書かなくても、具体的な内容は、見出しに続く本文で説明しています。

　以下の文は、文部科学省のウェブサイトにあります。

31　裁判員制度、http://www.saibanin.courts.go.jp/notification/index.html

×ホームページの大部分を構成するテキスト形式の文字は大きさを変更することができるようにしています。[32]（48文字）

「テキスト形式の文字」という用法は不正確です。「テキストの文字」がより正確な表現です。ホームページとは、厳密にはウェブサイトの最上位のページを指しますが、ウェブサイトと同義に使われることもあります。しかし「テキストがホームページの大部分を構成する」のは常識なので、わざわざ書く必要はありません。あいまいな書き方ではありますが、よく考えると、ここでのホームページとは、「文部科学省のウェブサイト」と解釈したほうがよさそうです。

〇本ウェブサイトの大部分で、テキストの文字は大きさを変更できます。
（32文字）

以下は、文部科学省の「『高校生海外留学派遣支援金制度』の実施について」の一文です。

×現在の大きく変動する国際社会において、私たちは、自国の文化について深い認識を持ちながら、異なる文化についても広い理解と適応力を持つことが求められています。また、国際的なコミュニケーション能力を持って、主体的・積極的に国際社会に貢献する人材を育成することが、学校教育に課せられた極めて重大な課題となっています。かかる観点から、高校生留学は、単に知識を獲得するだけでなく、他国の生活・文化・歴史等への理解を深め、それを基盤にその国の人たちと協力して立ち向かえる力を培うなど、国際社会における今後の日本における意義は大きいものと考えられます。……[33]

最後の文は114文字ありますが、読んで引っかかるのは、「なにに立ち向かう」のか、よく分からないという点です。目的語は、文脈から判断できれば、省略することはあります。しかし、ここでは、後半は省略しているものの、こ

---

[32] http://www.mext.go.jp/accessibility/index.html
[33] http://www.mext.go.jp/a_menu/koutou/ryugaku/1287518.htm

の段落が文章の最初で、これ以上前の文はありません。

また、「……における」は、口癖のように使いがちですが、「……における……における」という言葉が重なる点に、拙さがあります。

日本から海外への留学は、近年、減少傾向にある一方で、アメリカが受け入れる留学生の数は増加しつつあるようです。アジアから来る、アメリカへの留学生全般に人気があるのは日本食とのことですが、皮肉なものです。もう少し、留学の必要性が明確に伝わる文章にしたいところですが、文自体からは逸れないように最後の文だけを書き換えてみます。

> △高校生留学は、単に知識を獲得するだけでなく、他国の生活・文化・歴史等への理解を深め、それを基盤にその国の人たちと協力して（困難に？）立ち向かう力を培えます。このような観点から、国際社会の中での今後の日本にとって、高校生留学の意義は大きいものと考えられます。

文を短くすると、長い文ではあいまいだった、「なんとなく読み流していた」部分の問題点も把握しやすくなります。この他に、官庁のウェブサイトには、冗長な文を簡潔に言い換えるための良い練習材料が豊富にあります。いわゆる「公用文」では、公用文の表記に従っているはずですが、官庁のウェブサイトでは、公用文のような「上から目線」でなく、企業での実務文章に近い、柔らかさが本来、必要なものもあります。ご自分でも書き換えを試してみると、ここまでにご紹介したポイントが実感できるはずです。

自分の書いた文を読み返す

自分の書いた文を読み返すのは、作文の基本ですが、徹底されていないことも多いようです。読み手は文章を最初から通して読むというのに、書き手が自分の文章を通し読みしないことはよくあるようです。つまりある文章でなにを書いたか、読み手ではなく、書き手のほうが把握していないことはよくあるこ

とです。

　読み返すことで見つかる誤りはたくさんあります。ただ、読み返すだけでは十分ではありません。分かりやすく書くための基本事項を頭に入れておいて、問題点が見つかれば修正し、修正したらまた読み返します。また、部分を読み返すだけでなく、最初から「通し読み」をすることが重要です。通し読みをすると、同じことを繰り返し書いていることに気づくことはよくあります。また、全体を通し読みして、最初の説明と後の説明が食い違うことに気づくことがあります。ただ、自分で自分の文書を何度も読み直すのはなかなか骨が折れます。この場合は、次項のように他人に読んでもらうこともできます。

読みやすさを互いにチェックし添削する

　文章を読みやすくするには、読みやすさをチェックする必要があります。文章に関する本をたくさん読んだのに、実際には分かりやすい文章をなかなか書けない、ということはありませんか？　文章の読みやすさを、すばやく簡単にチェックする方法がいくつかあります。

　読みやすさのチェックは、人手による方法と、ツールによるチェックがあります。他人に自分の文章を見てもらうことで、問題点に気づくことがあります。自分で読み返すだけでは、どうしても気づかない問題点もあります。また、他人に自分の文章をチェックしてもらうだけでなく、自分で他人の文章をチェックするのも効果的です。文章の問題点のパターンが見えてきます。他人の文章のどこに問題があるかは、自分の文章の場合より気づきやすいでしょう。チェックや添削をするときは、ワープロの変更履歴やコメント機能を使うと便利です（「変更履歴で変更を記録する」185ページ）を参照）。

　単純ながら効果的なのは、1文が100字以内かチェックすることです（90ページを参照）。1文を短くすることで、総合的に分かりやすくできます。

　「音声読み上げ」機能を活用して、パソコンに音読してもらうこともできま

す。これは「**音声校正**」ともいえます。自分で読み返すことに加えて、パソコンによる読み上げで耳から聞いてチェックすると、目で読むときには気づかなかった問題点に気づくこともあります。耳で聞いてよく分からないことは、読んでも分かりづらいことがあります。最近の音声合成には、人間の自然な発声に非常に近い製品があります。「電子かたりべ」[34]という有料サービスでは、少し値は張りますが、非常に高品質の音声読み上げが使えます。言われなければ合成音声とは気づかない人もいるかもしれません。本書でも、音声校正で読み上げさせて、推敲とチェックをしています。一太郎2011/2012の上位バージョンでも、同様の高品質読み上げ機能があります。

　音声読み上げでは、2つの文書の比較もできます。Word文書をDTPソフトでレイアウトした後、編集者が文字調整のために文に手を入れることがあります。しかし、原著者の意図しない修正が行われることもあります。どこを修正したかは、Word文書では確認できますが、PDFなどに変換された後では、簡単に比較ができません。目で比べるだけで修正箇所の「間違い探し」をすると、確認もれが出やすくなります。このような場合、Word文書の音声読み上げを耳で聞きながら、PDF文書を自分で読めば、修正箇所が分かります。

　なお、Wordには、文章の読みやすさを評価する機能がありますが、Word 2007/2010では、バグのため使用できません。Word 2003以前では使用できます。

　文章の読みやすさのチェックについては、今後、文の長さなどの観点も取り入れた、新しい指標や評価方法が必要です。

---

[34] http://www.e-kataribe.com/portal/index.jsp

15 実務文章に応用できる創作文章の5つのテクニック

この章の主なポイント
- ある種の創作文章の方法は、実務文章にも活かせる
- 「物語」、自分や他人の個人的なエピソードを軸にする
- 気の利いた比喩を使う
- 異化でインパクトを出す
- 字数制限で創作してみる

創作文章の方法を実務文章に活かす

　実務文章は、創作文章と違って、面白い文章や美しい文章であるより、正確で明快であることが重要です。しかし、厳密な表記統一にも欠点があります。変化に乏しく単調になる、インパクトがなく記憶に残りづらい、といったことです。ひたすらまっすぐ伸びている高速道路と同じように、ずっと読み続けていると眠くなってしまいます。

　ある種の実務文章は、創作文章のテクニックを応用することで、読み手の関心を惹き、読み手にとって読みやすく、読み手の記憶に残りやすくできます。実務文章では、名文よりも良文を目指しますが、創作文章では、良文よりは名文を目指す、ともいえます。創作の修辞技法は、挑発的・挑戦的な言葉、誘惑的な言葉、味のある言葉、多義的な言葉、言葉遊びなど、数多くあります。本書は実務文章を対象としていますが、本書自体は実務文章ではありません。従って、本書の本文では、創作技法も使っています。以下では、本書自体にも使っているそのような創作技法のごく一部を紹介します。本書のどこで使われているか探してみてください。ただ、実務文章では、このような書き方が不適切な場合も多く、どれもやりすぎると苦情が出るでしょう。書き手が自分の個性を出せるか、書き手が自由に書ける裁量がどこまであるかも問題です。

書き手の顔が見え、声が聞こえるか、書き手の人間性が伝わるか、といったことも、創作文章では重要です。これは実務文章では必要な場合もありますし、避けたほうがよいことがあります。

　以下に示す技法は、**本書の他の箇所で実務文章向けに説明していることとは正反対**のこともあります。創作技法は、実務文章の性質を考慮して、慎重に使う必要があります。ただ、創作文章技法と実務文章技法を対比して考えれば、実務文章では、なにをすべきで、なにをすべきでないか、ということを考えるきっかけにもなります。

「物語」を語る

　「物語」は、文章を具体的にし、活き活きとしたものにできます。本書でも、文章の例以外に実例も紹介しています。退屈な実務文章でも、「5年前に実際にこういうことがありました」という具体例があれば、興味を惹けます。

　文章では、書き手自身や他人が体験した個人的なエピソードで、臨場感や人間的な温かみを感じさせ、共感させることもできます。ただ、下手をすれば、自慢話や、単なる身の上話とも受け取られることもあります。自分のことを書いた文章は、自分では特にどういう印象を与えるか分からないものです。他の人の意見も聞くとよいでしょう。

　実務文章ではない、「物語」は、最後に結末があります。苦労話、笑い話など、物語では結末が重要です。重要なポイントを先に書いて「種明かし」をしてしまう実務文章の基本的な書き方とは、逆になる点に注意が必要です。

気の利いた比喩を使う

　比喩をうまく使うと、ポイントを印象付けることができます。以下は、本書で使った比喩の一例です。

- 高速道路と同じように、ずっと読み続けていると眠くなってしまいます。
- ネットで世界中どこからでも日本にアクセスできても、日本は、日本語という高い壁の内側にあります。

　比喩を使うと抽象的な話ばかりでなく、具体的なイメージを読み手に持たせることができます。比喩は、実務文章で伝える情報とは別途に、書き手の個性、独自性を表現できる場所です。

　比喩は、あまりにも個性的、文学的、趣味に走りすぎて、なににたとえているか分からないこともあります。使いすぎると鼻につきますが、書き手のセンスが試されるともいえます。

異化でインパクトを出す

　広告や文学作品では、見慣れない言葉や見慣れない表記、新語、造語などを意図的に使います。また、ひらがなやカタカナだけで表記してみたり、ローマ字で書いてみたりして、目立たせ、注意を惹くわけです。（最近は見かけませんが）「モーニング娘。」という句点の使い方のように、文法的に正しいかどうかは問題ではなく、いかに相手の目を引き、記憶に残るかが勝負です。この場合、意味があるかということや、読み手が理解できるかということさえ問題ではありません。

　このような手法は、文学では、ほとんどすべての分野で行われています。たとえば、宮沢賢治の詩集『春と修羅』中の一編、「永訣の朝」では、「Ora Orade Shitori egumo[35]」という言葉があります。この文だけローマ字になっており、ラテン語のような外国語にも見えますが、よく読むと日本語の方言であることが分かります。

　日常、見慣れたものを、見慣れない形で示すことは、「異化」と呼びます。日常に埋もれて見えなくなっているものを、新鮮な見方ができるようにしま

---

[35] http://www.aozora.gr.jp/cards/000081/files/1058_15403.html

す。現代美術では広く使われている手法ですが、さまざまな応用ができます。ビジネス書で、「ロジカル シンキング」など見慣れないカタカナ語を多用するのは、専門用語であるということに加えて、「論理的思考」という言葉よりも目を惹く、異化の効果を狙っているといえます。

　また、個々の要素は日常的でも、普通は同時に表れることがないような意外な組み合わせにすることも行われます。翻訳ソフトの訳文は、誤訳したときには、人間の常識では思いつかない奇想天外な言葉の組み合わせを出してくるので、笑いの種になることがあります。ダリ、マグリットなど、美術のシュルレアリスム（超現実主義）でも、ふだんは思いつかない意外な事物の取り合わせで、驚きと、新鮮な表現が生まれます。これはデペイズマン（dépaysement）と呼ばれる手法です。

　俳句では、「取り合わせ」ということが言われます。17字しか字数がないところに、似たようなイメージの言葉を並べても、当然すぎて面白くありません。わざわざ繰り返しの効果を狙うのでない限り、同じ意味の言葉は避けます。意外な言葉を組み合わせれば、17字の枠を大きく超えて想像力を刺激できます。実務文章でも、要約がうまい人は、俳句や和歌のように、書かなくてもよいこと、どこを削ればよいかということをよく把握していることになります。

字数制限内で創作してみる

　字数制限内で楽しみながら創作してみることで、推敲の訓練ができます。表現する方法としては、俳句、川柳、和歌などがあります。本の題名や見出しを考えるときも、慎重に言葉を選ぶという意味では俳句に似たところがあります。特定の字数制限がない場合でも、あまりにも長いタイトルを付けることもできません。新鮮さやインパクトのある、読み手の興味を惹く文句を考えるには、俳句はいい練習になるでしょう。

　ショートショートは短い物語の形式ですが、「掌篇」と呼ばれるジャンルは、

さらに短い物語です。このようなジャンルでは、文芸雑誌や企業の主催による、さまざまなコンテストも行われています。

私は2005年から、川又千秋氏が提唱している「三百字小説」に取り組んでいました。東京新聞では2012年現在も募集が行われています[36]。三百字小説は、文字どおり300字以内でお話を書こうということです。言葉を浪費すると、300字はあっという間に尽きてしまいます。しかし、300字は決して少なすぎる字数ではありません。俳句のなんと17倍以上もあるのです。書き方を工夫して余分な言葉をそぎ落とすと、300字でも豊かな世界を表現できます。

東京メトロでは、メトロ文学館[37]と題して、150字以内の詩を募集しています。詩でも、実務文章とは異なる、感性や繊細さ、大胆さが必要になります。しかし、限られた字数で推敲を繰り返すのは、趣味として楽しめることに加えて、実務文章の基礎訓練としても役立ちます。

---

36 http://www.tokyo-np.co.jp/article/novel300/
37 http://scope.metrocf.or.jp/oubo/bungakukan.html

16 用語集で専門用語を管理する

この章の主なポイント
- 企業や組織には用語集が必要
- 用語集は「言語資産」として集中的に管理する
- 専門用語が多くても読みやすい文書は書ける
- 既存の用語集には問題が多い
- 用語を管理、チェックするための、さまざまなツール（ソフト）がある

用語集の作り方

企業や組織には用語集が必要

　専門用語を正確に使い、特定の事柄を正確に表現するには、用語集が必要です。どんな企業や組織でも、特定の専門分野があり、その専門分野固有の専門用語が必ず使われています。その分野での経験が浅い人であれば、用語集で、正確な知識を身に付けられます。経験が長い人も、用語集で、思い込みや解釈の違いを防げます。また、専門知識の少ないお客さんに説明をするときも、簡単な用語集が必要になることもあります。「行革」のような略語、XML、UTXのような頭字語（アクロニム）、「アーリー アドプター」（率先して新技術を試す人）のように一般になじみの少ない新語やカタカナ語も、説明がないと専門外の人には分かりづらいことがあります。本書は、用語集が必須というほど専門的な本ではありませんが、サンプルとして、簡単な用語集を巻末に付けています。

　用語集は、意味を定義することに加えて、**表記を統一し、正しく書くためにも重要**です。企業名、製品名、サービス名などが、Micrsoft、Quarkexpress、You Tube（正しくは、Microsoft、QuarkXPress、YouTube）のように、誤

記されていることがよくあります。スペースの有無や英文の大文字・小文字なども区別が必要です。うろ覚えやタイプミスなど理由はともかく、自社内でも、他社に対しても、このような誤記は「細部に注意を払っていない」と見なされます。私が関わる実務翻訳でも、細部の表記に手を抜かないことが求められます。

　誤字・脱字のチェックは、読み直しも重要ですが、ただ読み直すだけでは誤りを見逃してしまいます。そこで、用語集が必要になります。用語集に基づく用語チェックをすれば、このような誤りを防ぐことができます。

　専門用語が誤用、誤解されていることもあります。専門用語をしっかり定義した用語集があれば、新人社員や異動してきた社員もすばやく現場に対応できます。これは実話ですが、あるイベントで、ポスターを貼る「ボード」についての連絡が私に来ました。私はこの件については回答したはずだが、と思って「ボード」というキーワードで送信済みのメールを検索しましたが、なにも出てきません。検索範囲を広げてみて、ようやくその理由が分かりました。初期の連絡では「ボード」ではなく「パネル」と呼んでいたのです。用語についての確実な共有理解があれば、このような行き違いは防げます。

　また、中国やインドなどの海外支社とのコミュニケーションに誤解が生じていないでしょうか？　文化的なタブーが大きな誤解を招くこともあります。「使ってはいけない言葉」を事前に知っていれば、誤解を防ぐことができます。

　企業や組織での文書作成や翻訳は、用語集に沿って行うのが理想です。このとき、用語集に出てくる用語は、原則的に必ず使うことになります。それ以外の専門用語は、業界で標準的な用語を使用します。しかし、「業界で標準的」といっても、どの用語が標準かは意見が食い違うことが多々あります。そのため、用語集を充実させ、継続的に維持、管理、使用する体制が必要になります。

　用語集には、日本語だけの用語集の他に、翻訳に使う対訳（バイリンガル）用語集や多言語（マルチリンガル）用語集もあります。IT関連の翻訳では、マイクロソフトやGoogleのような超巨大企業の製品でも、誤訳が多数ありま

す。ウェブ ブラウザーのChromeや写真編集・管理ソフトのPicasaでは、誤訳が長年放置されたままです。ソフトウェアでは、用語集に沿って正しい用語を使わないと、高額な開発費を投じて開発した新機能がまったく使われないことになります。

用語集は「言語資産」として集中的に管理する

　企業や組織の用語集は、理想的には「言語資産」として、一括・集中的に管理するべきです。用語を正しく使うには、用語集を責任者が作成・保守管理し、文章を書く人が常に参照できるようにする必要があります。記憶に頼って用語を使うだけでは不正確になることがあります。

　実務翻訳者は、翻訳発注元が用語集を持っていない場合、自前で用語集を作成する必要があります。訳語を統一する必要があるからです。

　残念ながら、用語集が確立されている企業や組織はそれほど多くはないようです。企業や組織の構造の面から、一括管理することが困難なこともあります。用語集の必要性を感じていても、作成するのを先延ばししている企業も多いようです。

　大きな企業でも、用語集を持っておらず、正しい用語かどうかの判断を記憶や経験に依存していることもあります。企業として用語集に取り組んでいない場合、部門などのレベルでは用語集を作成せざるを得ないこともあるはずですが、それでは、部門ごとに異なる用語を使うことになってしまいます。用語集がないことが、チェックの手間を増やし、顧客の誤解や不満を生み、場合によっては深刻な事故の原因になることもあります。しかし、たとえ用語がそのような問題の原因であっても、なかなか表面化しにくいようです。

　なお、企業で独立した翻訳部門がなく、各部門が個別に翻訳を発注している状況も、用語集がないことに似ています。大規模な企業向け翻訳で使うのも、やはり言語資産だからです。全社的に言語資産を共有せずに、各部門が個別に翻訳を発注すると、表記に一貫性がなくなるのはもちろんですが、重複する翻

訳を集中管理できないので、翻訳コストが増大します。

　企業の組織改革によって用語集を含む言語資産を一括管理できるようになると、文書作成で多くの労力を減らせます。用語のチェックが楽になり、文書の問題点を減らせます。また、似た内容の文書を、一から繰り返し作成せずに済みます。いきなり企業全体で用語集作成を始めるのは難しいかもしれませんが、部門ごとの用語集でも、ないよりはましです。しっかりした用語集を実際に使うと、そのありがたみが実感できます。

専門用語が多くても読みやすい文書は書ける

　専門的な文書でも、読みやすくすることはできます。「専門的な文書だから」読みにくくなるわけではありません。技術文書や論文では、書き手も読み手も専門用語を知っているはずです。書き手と読み手の専門知識のレベルが近く、共通理解があれば、専門用語を使っても問題ありません。たとえば、医師が医学の学会で発表するなら、医学用語を使うのが適切ですが、患者はすべての医学用語を正確には理解できません。もし、専門的な文書が読みにくいとしたら、第一の問題は、だれが読むかという想定読者を考えていないか、想定読者の想定が誤っているからです。読み手と書き手の関係については、38ページを参照してください。第二の問題は、必要がないのに専門用語を乱用することです。専門用語は、意味が変わらないなら、分かりやすく言い換えるべきです。また、明確な理由もなく、慣習的に難しい用語を使っていることもあります。

　もし専門用語が原因で文章が難しくなっているとしたら、単純な原則で防ぐことができます。「対象読者が当然知っていると思われる言葉以外は、説明する」ということです。その語の初出時に説明するか、文書によっては、用語集を付けることが適切なこともあります。

　実際には、「**ある言葉の意味が読み手に通じていないことに、書き手自身が気づいていない**」ことが多いのです。書き手は、読み手には実は難しい専門用語でも、「これくらいの言葉は当然知っているだろう」と考えがちです。ある

いは、それすら考えず無意識に使っていることが多いかもしれません。

　特に、問題は、書き手と読み手の立場が大きく違う場合です。以下のようなシナリオが考えられます。

- 技術者が、一般人に、放射能について説明する
- 医者が、患者に、まれな病気について説明する
- 弁護士が、一般人に、新しい法律について説明する

このような場合は、2つの方法で解決できます。

- 用語集の専門用語を分かりやすい言葉に置き換える
- 専門用語を定義した用語集を文書に添付する

　文章中で、専門用語に限らず、難しい言葉を使うべきかどうかを判断するには、**その言葉の定義を考えてみる**とよいでしょう。自分ではっきり定義できない言葉、**自分ではうまく説明できない言葉は使わない**、ということです。論文などでもときおり見かけますが、「自分でもよく分からない言葉だけど、なんとなく使ってみた」というのはよくありません。翻訳するときでも、訳語が見つからなかったら、意味がよく分からないカタカナ語をむりやり使う、ということはよくあるようです。

　言葉を定義する、ということは、推敲や要約と同じように、文章の基本技能です。筋道を立てて明快に考えるには、確かな用語を使う必要があります。言葉の定義は、ふだんから訓練していないと、すぐにはできません。国語や英語など、学校教育の段階で訓練することが理想的です。

　専門用語を、書き手の裁量でそのつど分かりやすい言葉に置き換えている場合もあります。この場合、用語集を使わないと、記憶に依存することになり、網羅的なチェックも困難です。この場合は、用語集として管理すれば一貫性を保てます。このときは、その用語集は、書き手が用語をチェックするために使うので、文書に含める必要はありません。もし、分かりやすい言い換えが難し

い場合は、専門用語を定義した用語集を文書に添付するという方法があります。この場合も、専門用語は必要があるものに絞り込む必要があります。

用語集によくある問題

企業や組織で用語集がすでにある場合でも、多くの場合は、以下のような問題を抱えています。このような問題があるために、膨大な用語集のデータが活用されずに企業や組織の中で埋もれています。

- 関係ない分野の用語が混在している
- 項目に注記や別表記が交じっている
- 同義語がむやみに多く、どう使い分けるのか示されていない
- 英単語などで、項目が辞書の見出しのような原形ではなく、複数形や大文字にした場合が混在している
- 誤字・脱字が多い
- 項目に偏りがある
- 一部の人間しか関わっていないので、項目が少ない

特に、用語集のファイル形式の点では、以下のような問題があります。

- 特殊なファイル形式ですぐに編集できない。共有や再利用もできない
- 形式が複雑なために、すぐに用語を修正・追加できない
- どの用語が正式で、どれが暫定的なのか分からない
- 特定のツールでしか使えない
- 人間は読めても機械で読めない

また、自作の用語集では、以下のような問題があります。

- 用語集ごとに表記がばらばら
- 特定のスタイル ガイドに沿っていない

- 「自分の用語集は自分の用語集」として共有できていない
- 著作権の扱いが不明確

用語集形式 UTX

　UTXは、アジア太平洋機械翻訳協会（AAMT）が策定し、無料で公開している、シンプルな用語集の形式です。UTXは、前項に示した、用語集によくある問題を解決できます。私は、UTXを策定するチームのリーダーを務めています。UTXのウェブページ[38]からは、UTX用語集の作り方を説明した仕様書や、UTX形式の医学、法律用語集などを無料で入手できます。

　UTXを使うと、シンプルでありながら汎用性の高い用語集が作れます。ユーザーが翻訳ソフトで使うために作成する「ユーザー辞書」として活用できる以外に、その元となる用語集の形式として、翻訳ソフトに限らず、さまざまなツールで使えます。

　用語集は、Excelやテキスト形式で作られている場合、標準的な形式がないため、ひとまず参照用としては使えても、汎用性がありません。その点、UTX用語集（辞書）は、さまざまなツールで使うことを考慮しています。

　UTXは、タブ区切り形式のテキスト ファイルなので、Excelやテキスト エディターで編集できます。UTXは、英語と日本語のような対訳形式で作る以外に、日本語だけの用語集としても作ることができます。ばらばらの形式ではなく、UTXのような共通の形式で用語集を作ると、共有や再利用がしやすくなります。

　企業で、文書作成用に用語集を作る場合、日本語作文用だけでなく、翻訳用も含めて作るのが理想的です。UTXは、翻訳用の用語集（辞書）形式ではありますが、単一の言語、たとえば日本語の用語集としても使えます。

　UTXには、「用語集をどう作るとよいのか」という、最善慣行（ベスト プラクティス）が含まれています。UTX仕様に沿って用語集を作れば、日本語

---

[38] http://www.aamt.info/japanese/utx/

文章のチェック用などのさまざまな用途に活用できます。以下では、具体的に、どのような点に注意して用語集を作るかを説明します。

用語集で定義をする

　用語集では、用語を項目として含めるだけでなく、意味を定義します。専門用語は、文中でも定義できますし、文中で専門用語を分かりやすく言い換える方法もあります。しかし、用語の数が多い場合や、文書のさまざまな箇所に出てくる場合は、用語集で定義する必要があります。文章内のすべての用語を定義する必要はありませんが、特定の分野や組織で、またある文書で特定の意味がある場合には、定義は重要です。翻訳に使う対訳用語集では、原語と訳語だけで、定義はないこともありますが、複数の用語の使い分けが必要な場合は、定義も必要になります。

　うまく定義できない言葉は、使ってはいけません。書き手にとって意味がはっきりしないまま「なんとなくかっこいいから」という気持ちで使うと、読み手にも正確な意味が伝わりません。たとえば『知の技法』という題の本がありますが、このような題を見ると、読者は、まず「知」とはなにかが定義されている、と期待して読むはずです。あやふやな定義をして誤った用語が定着してしまうと、ややこしさや不便を感じながらも「慣用だから」ということで使い続けることになります。

　また、ある用語を定義するのに、その言葉自体を使ってはいけません。たとえば、「高等学校学習指導要領解説　総則（平成22年12月17日更新）」には、以下のような文がありますが、これでは定義とはいえません。

> ×道徳性とは，人間としての本来的な在り方やよりよい生き方を目指してなされる道徳的行為を可能にする人格的特性であり，人格の基盤をなすものである。[39]

　道徳性の説明をするときに「道徳的行為」という言葉を使ったのでは、「道

---

[39] http://www.mext.go.jp/component/a_menu/education/micro_detail/__icsFiles/afieldfile/2010/12/28/1282000_01.pdf

徳性とはなにか」という点が分かりません。

また、以下のようなAがBを定義し、BがAを定義するような定義は、**循環定義**と呼ばれます。これは、用語の「説明」としては意味がありますが、用語を定義しているとはいえません。

- パソコンの**本体**とは、周辺機器以外です。
- **周辺機器**とは、パソコンの本体以外です。

一語一義

用語集では、1つの用語が、1つの意味を持つ（一語一義）というルールを守れば、読み手の混乱を避けられます。同じ言葉を複数の意味で使うと、読み手は混乱します。カタカナ語では、特にその危険があります。イベント、リファレンス、フォーマットといった語には、複数の意味があります（137ページを参照）。意味が異なるなら、別の言葉を使う必要があります。

逆に、特に理由がないのに、同じものを複数の名前で呼ぶと、混乱することがあります。前述したように、ポスターを張り付ける板を、「板」、「パネル」、「ボード」などと呼ぶのは一例です。また、同じ催し物を、「交流会」、「懇親パーティー」、「懇親会」、「交流パーティー」などと呼んだりすることもあります。「セッション」、「レクチャー」、「発表」、「プレゼンテーション」が、すべて同じものを指していることもあります。もちろん意味が違うことを強調したい場合もありますが、複数の人間の間の連絡事項では、標準的な用語が決まっていないと、重大な誤解や行き違いが生じることもあります。

用語を統一する

用語を使うときは、まぎらわしい用語は統一する必要があります。たとえば、「利用者」と「ユーザー」という言葉があります。これらは似ていますが、ニュアンスが異なります。「Wordのユーザー」とはいいますが「図書館のユー

ザー」というと少し違和感があります。ユーザーという言葉は、ソフトに関連して使われることが多いからです。利用するのに登録が必要な図書館の検索システムがあるとします。この検索システムの「ユーザー」と、検索システムに未登録だが図書館を利用している人、という意味での「利用者」という具合に、区別する場合があるかもしれません。しかし、このような場合は、「こういう意味で使い分けている」ということを説明する必要があります。

　翻訳では、用語のばらつきは特によく発生します。以下は、マインドマップ用発想ツールXmindの日本語版のメニューです。

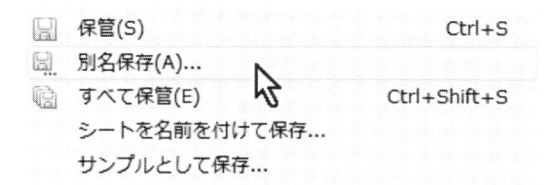

```
保管(S)              Ctrl+S
別名保存(A)...
すべて保管(E)         Ctrl+Shift+S
シートを名前を付けて保存...
サンプルとして保存...
```

　ここでは、「保管」と「保存」という用語が混在しています。意味が違うのでしょうか？

```
Save                 Ctrl+S
Save As...
Save All             Ctrl+Shift+S
Save Sheet As...
Save As Template...
```

　オリジナルである英語版を見ると、"Save"という用語で統一されています。つまり、「保管」と「保存」は、本来、同じ用語であるわけです。用語集できちんと用語を管理できていないと、このようなばらつきが発生して、ユーザーが混乱してしまいます。Xmindは非常に便利なソフトであるだけに残念ですが、広く使われている他のソフトでも同様の問題がよく見られます。

　書き手が「同じ言葉じゃないか」と思っていても、読み手もそう考えるとは

限りません。似たような言葉を適当に使っていれば、読み手の理解度を下げます。書き手自体が、しっかり用語を定義して、まぎらわしくないようにする必要があります。書くときは、うろ覚えではなく、用語集でチェックすれば、書き手自身も読み手も混乱せずに済みます。

ディスプレイとモニター、ビデオ カードとグラフィック ボードのように似た用語で意味が同じなら、どちらか一つの用語のみに統一します。しっかり用語を統一するには、使わない用語を「使用禁止」にすることもあります。

「アーリー アドプター」（率先して新技術を試す人）のような新語では、カタカナ語のまま使われることも多いのですが、一読して分かりにくいこともあります。分かりやすい漢語の訳語にしても、同じ語をだれもが使うとは限りません。うまい訳語を見つけて用語集に入れれば、少なくとも同一企業内ではその用語を統一できます。

使い分けを明確にして混同を避ける

アップグレードとアップデートのように、似た用語だが意味が異なる場合は、誤解の危険がないように、用語集でそれぞれの用語を定義し、使い分けを明記して整理します。読み手が混同する可能性があるまぎらわしい用語の場合は、混同しないように修正する必要があります。

一見、似たような言葉でも厳密には意味が違うことがあります。注釈、コメント、アノテーションは、似たような言葉ですが、場合によっては意味が違うことがあります。また、Windowsでは、「ログオフ」という操作を指す場合には、「ログアウト」や「サインオフ」という用語を使用してはいけません。

○Windowsからログオフします。
×Windowsからログアウトします。

「ログアウト」や「サインオフ」は、場合によっては「ログオフ」と同じよ

うな意味になりますが、厳密には異なります。まぎらわしい言葉を使っても意味が通じることもありますが、ユーザーが混乱する危険があります。ログインとログアウト、ログオンとログオフは、それぞれペアになるはずですが、用語集をきちんと使っていないと、交ぜて使ってしまうことがあり、混乱につながります。

分野を明確にし、関係ない語は除外する

用語集は、必ず特定の専門分野での用語のみを含めます。その分野に関係ない用語は含めません。これは当たり前のようですが、非常によく見られる誤りです。用語集は通常はなんらかの分野に属していますが、しばしば本来の分野とは無関係の用語が入っています。無駄な用語が増えると、管理が大変になり、使う人も混乱します。たとえば、法律の用語集には医学用語を入れてはいけません。法律用語は法律用語集として、医学用語は医学用語集として扱います。もちろん、「法医学」という複合的な分野もあります。この場合、法律用語集にも医学用語集にも当てはまらない、法医学固有の用語のみを、「法医学用語集」とします。

また、一般的な用語は、その特定分野で特別な意味がない限り入れてはいけません。たとえば、法律の用語に、法律とは関係ない「紫」や「卵」という一般的な言葉を入れてはいけません。

用語ツールでチェックする

さまざまな用語ツール

日本語の表記がばらばらなのは、句読点などの規則が、まだできて100年程度ということが一因でしょう。しかし、21世紀で電子文書が多用されているのに状況が変わらない理由は、用語をチェックするという体制やツールが不十

分だからです。

　用語に関しては、企業向けの高機能なものから、個人が無料で使えるものまで、以下のようなさまざまなツール（ソフト）があります。

- 用語抽出ツール（用語作成ツール）
- 用語管理ツール
- 用語検索ツール
- 用語適用ツール

　実務翻訳者は、このようなツールを使いこなして、用語のチェックをしています。ここでは、どのような用語ツールがあるかの概要だけを示します。

　用語抽出ツール（用語作成ツール） は、文書に一定の割合で現れる用語を抜き出し、用語集作成の手がかりにするツールです。手作業で新しい用語を追加していく作業も必要ですが、すでにある文書から、よく使われる用語を抜き出して用語集を作ることができます。翻訳ソフトの一機能として含まれていることもあります。

　用語管理ツール は、複雑で高機能な用語集を管理できるものがあります。あいまい検索、同義語の処理、相互参照、マルチメディア データ、多言語対応などの機能があります。用語管理ツールの例としては、翻訳メモリ ツール SDL Tradosに含まれるMultiTermなどがあります。

　用語検索ツール は、すばやく用語を検索することに主眼があります。インデックス（索引）データを作ることで、数万の用語でもすばやく検索できるツールもあります。新しい用語を追加する場合は、用語管理ツールが必要なこともあります。用語検索ツールの例としては、KWIC Finder[40]があります。実務翻訳の現場でも使用されており、用語集を含め、さまざまなファイル形式の文書を徹底的に、高速に検索できます。また、ApSIC Xbench[41]というツールもあります。英語版ですが、やはりさまざまなファイル形式の文書に対応しています。

　用語適用ツール は、用語検索機能に加えて、検索した用語を文書に反映でき

40　http://www31.ocn.ne.jp/~h_ishida/KWIC.html
41　http://www.apsic.com/en/products_xbench.html

ます。用語適用ツールには、置換ツールを含むこともあります。文書で実際に使うために用語を調べているわけですから、実用的といえます。また、翻訳ソフトも、ある意味では用語適用ツールといえます。

　上記の各ツールは、複数の機能を兼ね備えていることもあります。用語集は、Excelで作られていることが多いようです。Excelは、使い方によっては用語の作成、管理、検索、適用など、さまざまに活用できます。しかし、用語集が大きくなると、Excelよりも、上記のような専用の用語ツールを使用したほうが使いやすくなります。

チェック リスト（置換リスト）とチェック ツール

　チェック リストを使うと、用語や表記をすばやく、楽にチェックできます。チェック リストは、用語集とまったく同じものではありません。チェック リストは、用語のチェックだけでなく表記チェックにも使います。つまり、チェック リストには、用語集と表記チェックのリストの両方が含まれる、といえます。

　文書を目で見てチェック（目視）するだけでは、非常に手間がかかるうえに、必ず見逃しが発生します。企業、特に出版業界では、チェック ツールを使わず、印刷してからチェックする方法しか行っていないところがいまだに多くあります。

　誤りを正しい表現に置換する作業をツールで行えば、楽にすばやくチェックでき、しかも確実です。この目的では、チェック リストというよりは「**置換リスト**」を使います。置換リストは、誤った表現と、正しい表現を「ペア」にして、それをリストにまとめたものです。たとえば、よくある誤字・脱字を見つけて、置換して修正できます。「コミュニケーション」を「コミニュケーション」、「シミュレーション」を「シュミレーション」と書く誤りはよくあります。

　　×コミニュケーション、シュミレーション
　　○コミュニケーション、シミュレーション

Google検索では、「コミニュケーション」という誤記は、実に103万件もヒットします。ちなみに「コミュニケーション」は約6740万件です。元の言葉はcommunicationであり、これは許容範囲の表記とはいえません。誤った表現「コミニュケーション」と正しい表現「コミュニケーション」をペアとすると、これが1つの項目になります。このような項目をリストにしてまとめておき、専用のツールでチェックと修正を同時に行うことができます。難しい語の言い換えや、カタカナ語の言い換えも、置換リストを使って、まとめて修正できます。

　置換リストは、「正誤表」と同じようなものと考えることもできます。しかし、単なる正誤表ではなく、置換リストとして一定の形式でまとめて蓄積することで、後で同じような間違いをしても、確実に修正できます。

　取引先の企業名を間違えて、困ったことはありませんか？　よく挙げられる例では、「富士フイルム」の「イ」は小さい「ィ」ではなく、「キヤノン」の「ヤ」も小さい「ャ」ではありません。企業名を正確に表記するには、以下のような置換のペアを作ってチェックすれば、うっかりミスを修正できます。

正	誤
富士フイルム	富士フィルム
キヤノン	キャノン

　用語チェックツールはいくつかありますが、私が作成した「換の玉」[42]もその一つです。換の玉は、Word上で動作する置換ツールです。

[42] http://cosmoshouse.com/tools/setrpl.htm

図7｜換の玉によるチェック

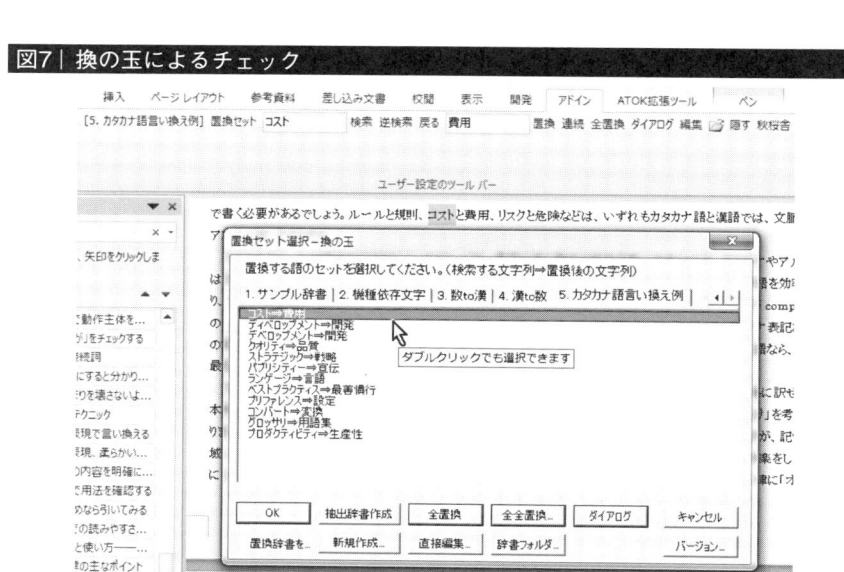

図7では、換の玉で、「コスト」という単語を検索しています。換の玉では、特定のスタイル ガイドや用語集に沿った、用語、表記、不快語、機種依存文字などの複数の置換リストを切り替えてチェックできます。一括置換をするだけでなく、一つ一つの項目を確認しながら行う**「逐次置換」**に役立ちます。カタカナ語の言い換えのチェックとして、「コスト」を検索して、「費用」と言い換えたほうがよいか、一つ一つ確認できる、ということです。本書も、換の玉を使用してチェックをしています。

置換ツールは、表記を一律に統一することが目的ではなく、検索、再利用、共有などがしやすいように、ばらつきの少ない高品質な文書を作ることが目的です。電子文書の時代以前は、ここまで統一する必要は薄かったかもしれません。しかし、検索、再利用、共有などのことを考えれば、ばらつきの少ない日本語が必要になるでしょう。「場合によって使い分ける」のは、可能な限り明確で客観的な基準に基づくべきです。

また、ワイルドカードや正規表現のような高度な検索・置換のオプションを使うと、このようなチェックと修正をさらに効率的に行えます（180ページを参照）。

　以下の項では、用語チェック ツールで、どのような項目をチェックするのかの例を示します。

難しい言葉を言い換える

　難しい言葉や硬い表現は、言い換えて分かりやすくできることがあります。小説を書くときは、だれも知らないような言葉を使っても苦情は来ません。しかし、実務文章では、難しい言葉を使って読み手の理解度を下げるのは未熟ということになります。私自身も癖になっていますが、注意していないと、「必然性がありません」のように、つい「必然性」という言葉を使ってしまいます。「必要がありません」と書けば十分です。

　JR両国駅のプラットフォームには、以下のような看板があります。

> ×線路内に落とされたお荷物等については、列車が来ないことを確認したあとに、拾得を実施しますのでご理解下さい

　意味は分かりますが、もう少し分かりやすく書けないものでしょうか。これは一例ですが、このような書き方は、癖になってしまうことがあります。無意識に難しく書いてしまう癖は、書くときに気をつけるというだけでは不十分です。一括してチェックすれば、確実に読み手の読む負担を下げることができます。「難しい言葉」でも、専門用語として特定の意味があり、どうしても必要な場合に使うように限定すれば、文章を分かりやすくできます。特に、公文書や一般向けの医学用語では、組織のレベルで難しい言葉を避ける仕組みを作り、分かりやすく書き換えることで、読み手の理解度を上げられます。

難しい言葉	言い換えの例
必然性	必要
喫緊	緊急
喫食	食事
架電	電話
惹起する	引き起こす
発遣する	出す
拾得する	拾う
前葉	前ページ
次葉	次ページ
〜における	〜での

企業として禁止する語をチェックする

　ある種の語は、企業として禁止したほうがよいことがあります。英語ではポリティカル コレクトネスということが言われ、特定の集団を差別しない配慮がされてきました。たとえば職業で男女の違いを前提とする表現は避けられ、police man（警察官）、fireman（消防士）という語は使われず、現在はpolice officer、firefighterと言われています。日本語でも、看護婦は看護師です。「障害者」を、「障碍者」、「障がい者」と表記することもあります。スチュワーデスをフライト アテンダントというのは、英語でも日本語でも同じです。今ではあえてポリティカル コレクトネスを持ち出すことが、行きすぎの場合に限られるほど、なじんでいるといえるかもしれません。

　また、明らかに「差別的な用語」とまではいかなくても、不快感を与える可能性がある語、つまり「不快語」もあります。なにが「不快語になるか」は、言語によって異なります。それぞれの言葉に対する感じ方には個人差がありま

す。ある人にはなんの問題もない言葉でも、当事者にとっては重要な問題になることがあります。特定の言葉の禁止は、「言葉狩り」として嫌う人もいます。「だれも傷つけない言葉」は、難しいですが、立場が変われば、だれにとっても、呼んでほしくない呼び方、不愉快になる呼び方は、必ずあるものです。

　なにが「不快語か」は、時代によっても変わります。「印象派」という呼び方が、当初は、芸術家のグループに対して軽蔑的に使われていた、という話を聞かれたことがあるかもしれません。アメリカ英語では、"Indian"という呼び方は差別的とされ、"Native American"という言い方がされてきました。しかし、その後"Indian"という呼び方が復権しています。「インド人」と区別する必要があるという実際的な問題はありますが、その場合は"Amerindian"という言葉もあります。

　ある特定の不快語について、書き手がどう思うかはあまり重要ではありません。その文章を読む、読み手（企業の文章なら顧客）が不快語をどう思うか、ということが問題なのです。線引きをするのは難しいですが、企業や組織の文書としては、使うべき言葉を選び、基準を作らないと、企業のイメージを傷つけ、信用をなくしたり社会問題になったりします。個人のレベルで考えると、「少しくらい使っても」と考えがちです。しかし、企業の文書は、個人が書く文書と比べて、影響力が桁違いに大きくなります。新聞や雑誌が不快語に神経質になるのは一理あるといえます。大きな企業や行政機関のウェブサイトでは、数百万の読者が読むことになるかもしれません。また、ウェブに一度載せたら、すべての文書が記録されると考えたほうがよいでしょう。

　不快語を防ぐには、社内で不快語のチェック リストを作り、外部に最終版として出す前に、用語ツールでチェックすることで綿密なチェックができます。用語集形式UTXでも、このような禁止語を指定する仕組みがあります。

誤字・脱字をチェックする

　日本語には、名詞・名刺・名士、内蔵・内臓、校正・構成・厚生、観衆・監

修・慣習、解説・開設・回折のような同音異義語が多くあります。同音異義語は、電子文書ならではの、変換ミスになることもあります。しかし、逆に、電子文書にしかできないチェックの方法もあります。既定と規定、要件と用件、内蔵と内臓、同音異義語の例は無数にありますが、分野によっては同音異義語のグループの中でも、特定の語のみ、使用頻度が高いことがあります。たとえば、IT分野では、前記の言葉のうち、「既定」、「要件」、「内蔵」の頻度がかなり高くなります。その場合は、例外的なほうの同音異義語である「規定」、「用件」、「内臓」があるかチェックすれば、誤りを防げます。ATOKでは、同音異義語をチェックする機能もありますが、日本語入力時にしか使えません。この他にも、「こんにちわ」、「とと」、「をを」、「のの」、「。。」、「、、」、「、。」のような、よくある誤字、誤表記、脱字があります。文書を一括でチェックするには、置換リストを作り、置換ツールを使います。機械的に一括置換するだけでは、適切な場合も誤って置換することがあるので、逐次置換で一つ一つ確認する必要があります。「のの」という文字の並びは入力誤りであることが多いですが、「～するものの」といった場合は正しいことになります。同様に、「とと」は、「～することと」などの場合は正しいことになります。

　実際に、本書では置換ツール「換の玉」でチェックをして、「ひらがややカタカナ」、「。。」、「、、」などの誤記が見つかりました。また、本書では、Word 2010とJust Right!の校正機能も使って誤字をチェックしています。

用語集、文書などの言語資産を共有しよう

　用語集、チェック リスト、置換リストなどのデータ、そして文書自体などの「言語資産」は、企業や組織で、共有・再利用する仕組みを使うのがお勧めです。文書や用語集は、自分一人で作成すると、手間がかかります。企業内で同じような作業をする人が他にもいませんか？　グループとして用語集などを作成し、共有する仕組みを作ることができれば、全員の利益にできます。用語集UTXは、Googlesドキュメントの表計算で、共有すれば、リアルタイム同

時編集ができます（67 ページを参照）。

　また、チェック リストによる間違い探しは、間違いのパターンに基づいてチェックするので、チェック項目を充実させると、効果的にチェックできます。これは、個人でするよりは、組織的にチェック リストと置換ツールを使うのが効果的です。

　もちろん、自分が苦労して書いた文章や、時間をかけて蓄積したデータは公開したくない、という気持ちもあるでしょう。しかし、企業でない個人でも、他人の成果を相互に公平に利用できるなら、相乗効果があります。また企業のレベルで考えると、共有・再利用を進めることで大きな利益が得られます。さらに、規模が大きくなり、文書や用語集を共有・再利用する人数が増えるほど効率が良くなるという、いわゆる「スケール メリット」が働きます。うまく共有・再利用を進めるには、一部の人だけが利益を受けることにならないように、貢献する人の意欲をそがない、貢献を促進するコミュニティーを作る必要があります。後から「共有しましょう」と言い出すよりも、最初から、作成した文書の所有権はだれに属するかを明確にし、共有することをしっかりと前提としてプロジェクトを計画するのが理想的です。クリエイティブ コモンズを使って、使用許可を明示するのも一つの方法です。

実務文章の客観評価

　実務文章の客観的な評価が今後、必要になると思われます。これには、文章そのものの評価と、個人の文章技能の評価が考えられます。TOEICでは750点取れなければ課長に昇進できないことがあっても、日本語技能はチェックがないとは不思議なことです。

　人手によるチェックとともに、ツールによる自動的な客観評価も必要になります。重要な文書や広報などの感性的な文書は、人手で綿密にチェックする必要があります。しかし、企業では、すべての文書に同じコストをかけて人手でチェックをすることは現実的ではありません。用語集やスタイル ガイドに沿

っているかということや、読者の理解度は、ある程度はツールで数値化して、チェックできます。チェックは瞬時にできますし、1回あたりの費用も抑えられます。想定読者が、確実に理解でき、誤読せず、さらに共有・再利用しやすいという点が満たせる文章であれば、高評価を付けることができます。どのような表記では誤読が少なく、自然言語処理もしやすいかについても、統計的な研究が必要です。分かりやすい日本語かのテストとしては、翻訳ソフトで訳してみるという方法もあります。無駄に長く、複雑であいまいな文章は、翻訳ソフトでもうまく訳せない可能性が高くなります。

　今後、機械翻訳や低価格な翻訳サービスが増えてくると、日本語の品質評価はさらに重要になります。利用者は、どれだけの品質の日本語に、どれだけの費用がかかるか知りたいはずです。

　また、ひとまとまりとしての構成を持つ「文書」の評価は、「文章」の評価とは別の観点が関わります。文書では、内離ルール（内容とレイアウトの分離）が守られているか、という観点も関係します。

17 おわりに

　現状では、日本語の実務文章の表記は、なかなか標準化に向かっていないようです。一度に標準化が進むとは考えにくいですが、惰性的な慣習を断ち切り、部分的にでも、合理的で標準的な表記の検討が進むことを期待しています。そうすれば、日本語がもっと国際舞台でも活用されるようになり、日本からの情報発信も増えるはずです。

　実務日本語は、実務文章の日本語の問題提起をすることを目指しています。表記を統一すること自体が目的ではありません。本書が、表記に関心のある方にとって、日本語の現状の問題を認識し、意識を高めるきっかけになれば幸いです。

　本書の執筆には、林 鋭剣氏、鈴木 博和氏、岡本 康男氏、高橋 知子氏（順不同）のご協力をいただきました。ここに心より感謝の意を表します。

　本書の内容について、お気づきの点、至らない点などがありましたら、以下のフォームでお知らせいただければ幸いです。

　http://cosmoshouse.com/mail.htm

　「実務日本語については、以下のウェブサイトに最新情報を掲載しています。

　http://transpc.cosmoshouse.com/jitsumu/

　山本ゆうじのTwitterのフォローもどうぞ！

　http://twitter.com/yujich/

18 実務日本語・12の基本表記規則

以下は、実務日本語の12の基本表記規則です。ここでは、必要最低限の表記規則の要点のみを挙げていますが、これらの規則を適用するだけでも、表記のかなりの部分を統一できます。△は半角スペース、¶は改行を示します。

	正しい例	誤った例	本文での解説ページ
行の途中で改行しない（内離ルール）	これは正しい書き方です。	これは誤っ¶た書き方で¶す。	82
英数字は半角で表記する（内離ルール）	5248	５２４８	85
半角文字と全角文字の間に半角スペースを入れない（内離ルール）	ISO標準	ISO△標準	85
スペースは1つ（内離ルール）	1.△最初に……	1.△△最初に……	174
敬体（です・ます）を使用する	文章には一貫性が必要です。	文章には一貫性が必要だ。	90
カタカナ複合語は分かち書きをする（分書ルール）	インターネット△サービス△プロバイダー	インターネットサービスプロバイダー	142
半角で表記する記号	.,	．，	121
全角で表記する記号	？！：（）［］／	?!:()[]/	121
句読点は「、」と「。」を使う	これは、正しい表記です。	これは，誤った表記です．	123
和文中で使用しない記号	「知識」の定義、「文化」の定義。	"知識"の定義;"文化"の定義。	129
送りがなは本則に従う	組み合わせ、引き取る	組合わせ、組合せ引取る	134
カタカナ語の語尾の長音は省略しない	マネージャー セキュリティー ユーザー	マネージャ セキュリティ ユーザ	150

19 用語集

実務日本語の基本ルール

（図：「実務日本語」を中心に、内離・百半・重先・分書・字限を配置した円形図）

百半ルール：1文が100字を超えたら2つに分ける。90 ページを参照。

字限ルール：はっきりした字数制限がなくとも、必要なだけの文字数内で、最良の文を簡潔に書く。203 ページを参照。

重先ルール：重要な語や文を最初に持ってくる。94、156 ページを参照。

分書ルール：カタカナ複合語は分かち書きをする。142 ページを参照。

内離ルール：電子文書では、内容とレイアウトを分離する。80 ページを参照。

その他の用語

以下では、本書で使っている用語を説明しています。

UTX：アジア太平洋機械翻訳協会（AAMT）が策定し、無料で公開している、

シンプルな用語集の形式。227 ページを参照。

共有：電子文書を複数の人間が使えるようにすること。単に閲覧用に配布するだけでなく、共同編集できるようにする仕組みも含まれる。

クリエイティブ コモンズ：著作物の使用許可を示す仕組みと、それを管理する組織の名称。著作者の名前を表示するなどの一定の条件下で、文章、画像、音声、用語集などの著作物を配布、使用できる。

コーパス：解析目的で蓄積された文や文書のデータ。

自然言語処理：人間が話したり書いたりする言葉を、認識して処理する技術。電子文書の検索、日本語入力システム、翻訳ソフト、音声認識、音声合成による読み上げなどに使われる。

プレーン テキスト：太字、斜体などの書式の付いていないテキスト形式のファイル。

文書：特定の目的で、ひとまとまりとして完結するように有機的に構成された、文の集合。文書には、通常、題があり、1つ、2つと数えられる。

文章：図や写真以外の、文書内のテキストや、複数の文書の集合。「実務文章」と「創作文章」のように、性質を表すこともある。実務文章で書かれた文書は「実務文書」。

翻訳メモリー：原文と訳文のペアを対訳形式で、多数、蓄積したデータベース。翻訳作業の品質と効率を向上するために使われる。

問題表記：意味を誤解する可能性がある表記、スムーズに読めず、読むのに時間がかかる表記、または、文章の検索、共有、再利用の障害になる表記。

参考書籍

本書の執筆には、以下の書籍を参考にさせていただきました。

University of Chicago Press, *The Chicago Manual of Style*, Chicago: University of Chicago Press, 2003.
天沼 寧、加藤 彰彦 編、『用字用語新表記辞典』、新訂3版、第一法規出版（1990）
沖森 卓也 編著、『日本語概説』、朝倉書店（2010）
共同通信社、『記者ハンドブック』、第8版、共同通信社（1999）
講談社校閲局編、『日本語の正しい表記と用語の辞典』、第2版、講談社（1992）
小学館辞典編集部 編、『句読点、記号・符号活用辞典。』、小学館（2007）
成山 重子、『日本語の省略がわかる本　誰が？ 誰に？ 何を？』、明治書院（2009）
西田 幾多郎、『善の研究』、岩波文庫、岩波書店（1979）
日本エディタースクール 編、『日本語表記ルールブック　漢字・仮名 外来語 数字 句読点 括弧類』、日本エディタースクール出版部（2005）

（上記以外の、脚注に挙げたURLは、2011年11〜12月にアクセスしました。URLやウェブページは変更されることがあります。）

著者略歴

山本　ゆうじ
やまもと

国際学校UWC英国校、筑波大学を経てシカゴ大学人文学修士。帰国後、フリーランスの実務翻訳者として独立し、大規模翻訳の文書管理・作成のコンサルティング、講習を行う。平均時速650語で翻訳が可能。複数の翻訳学校での授業の他、翻訳者・英語学習者を対象とした雑誌記事の執筆は220件以上。TOEIC 990点（満点）、英検一級、美術検定一級。近著に『世界に通じる学校――国際学校UWCの異文化理解教育』。
秋桜舎：http://transpc.cosmoshouse.com
http://twitter.com/yujich

本書に記載されている会社名、製品名、またはサービス名は、各社の商標もしくは登録商標、またはその略称です。

IT時代の実務日本語スタイルブック
じだい　じつむ　にほんご

2012年2月25日　　初版発行

著者	山本　ゆうじ（やまもと）
カバーデザイン・本文レイアウト	竹内　雄二

© Yamamoto Yuji 2012, Printed in Japan

発行者	内田　眞吾
発行・発売	ベレ出版 〒162-0832 東京都新宿区岩戸町12 レベッカビル TEL (03)5225-4790 FAX (03)5225-4795 ホームページ http://www.beret.co.jp/ 振替 00180-7-104058
印刷	株式会社文昇堂
製本	根本製本株式会社

落丁本・乱丁本は小社編集部あてにお送りください。送料小社負担にてお取り替えします。

ISBN978-4-86064-310-2 C2081　　　　編集担当　脇山和美